O Sebrae Parabeniza ao Ganhador do Prêmio de Inovação no Seminário Empretec, João Pessoa/PB Maio/2018.

Quem matou a Mudança?

Parabéns!! Inovar faz a Diferença Valdolirio Jr.

Parabéns! Forte Abraço

Ken Blanchard
Autor best-seller do *New York Times*
John Britt
Judd Hoekstra e Pat Zigarmi

Quem matou a Mudança?

Como resolver o
mistério da liderança
através da inovação

Tradução
Jussara Simões

BestSeller

CIP-BRASIL. CATALOGAÇÃO-NA-FONTE
SINDICATO NACIONAL DOS EDITORES DE LIVROS, RJ.

Blanchard, Kenneth H.
B571q Quem matou a mudança? / Ken Blanchard...[et al.] ; tradução: Jussara Simões. — Rio de Janeiro: BestSeller, 2012

Tradução de: Who killed change?
ISBN 978-85-7684-439-6

1. Mudança organizacional. 2. Liderança. I. Blanchard, Kenneth H. II. Título.

12-0088. CDD: 658.406
CDU: 65.011.4

Texto revisado segundo o novo Acordo Ortográfico da Língua Portuguesa.

Título original norte-americano
WHO KILLED CHANGE?

Publicado mediante acordo com HarperCollins Publishers.
10 East 53rd Street, New York, New York 10022, USA.

Ilustração de capa: Instant Press
Layout de capa: Studio Creamcrackers
Editoração eletrônica: FA Editoração

Impresso no Brasil

ISBN 978-85-7684-439-6

Em memória da amada
Alice Britt Caldwell
1943—2007
e
Gerald A. Embry
1941—2008

Sumário

Quem matou a Mudança?

Cena do crime

O sedã escuro do agente Mike McNally freou cantando pneus em frente à ACME numa noite de temporal. A luz azul que girava na carroceria contrastava sinistramente com os relâmpagos distantes. McNally saiu do carro, tirou as cinzas do sobretudo e deu uma última tragada no charuto barato.

Esse era o terceiro caso de homicídio do mês, todos com o mesmo sobrenome: Mudança. Na verdade, a investigação das mortes da família Mudança havia se tornado o trabalho de sua vida inteira. Com o passar dos anos, surgiu um padrão claro nas mortes. Alguém levava Mudança a uma instituição, com diferentes graus de recepção. Aparentemente, Mudança começaria a se integrar e, sem aviso prévio, seria encontrada morta, geralmente sem ferimento externo. As provas eram sempre insuficientes e nenhum criminoso jamais fora identificado.

Dessa vez, o agente estava decidido a pegar o assassino. Apagou o charuto, tirou o caderninho do bolso e caminhou devagar até a porta.

Passou disfarçadamente por baixo da faixa policial amarela de "Não ultrapasse" e foi para a sala de reunião, que fervilhava. Um fotógrafo batia fotos da falecida em diversos ângulos, e as pessoas, em grupos de dois ou três, opinavam sobre o que acontecera. No outro extremo, o cadáver de Mudança estava caído sobre a mesa. Quase ao alcance de sua mão direita havia um copo virado. A mesa ainda não secara.

Um homem desconhecido aproximou-se de McNally e lhe entregou um bilhete dobrado.

— O médico legista me pediu que lhe entregasse isto — disse.

McNally abriu o bilhete e leu:

- provável homicídio
- a causa mais provável de morte é envenenamento
- o crime ocorreu provavelmente entre 7h e 9h da manhã de hoje
- mais informações após a autópsia

McNally tirou todos da sala, fechou a porta e começou a investigar a cena do crime. Quando saiu, cerca de uma hora depois, uma mulher o aguardava do lado de fora:

— Meu nome é Ana. Serei sua assistente. Me pediram para cuidar de tudo o que o senhor precisar.

O agente sabia quem eram os principais suspeitos. Já fizera isso muitas vezes. Eles sempre eram os mesmos. Abriu o caderninho e examinou a lista que preparara:

1. **Cultura** — define os padrões de comportamento, as convicções e as atitudes predominantes que caracterizam a instituição.
2. **Compromisso** — gera motivação e confiança para adotar os novos comportamentos que Mudança requer.
3. **Patrocínio** — líder experiente que tem a autoridade de distribuir os recursos (ex.: tempo, dinheiro e contingente) no início, na implantação e na sustentação de Mudança; principal responsável pelo êxito de Mudança.
4. **Equipe de Liderança da Mudança** — chefia ativamente Mudança na instituição, portando a voz do consenso e resolvendo os problemas daqueles a quem se solicitam modificações.
5. **Comunicação** — cria oportunidades de diálogo entre os líderes de Mudança e aqueles a quem se pedem transformações.
6. **Urgência** — explica por que mudar é necessário e qual deve ser a velocidade de Mudança no modo de trabalhar.

7. **Visão** — pinta um retrato claro e atraente do futuro após integração de Mudança.
8. **Planejamento** — esclarece a prioridade de Mudança com relação às outras iniciativas e responsabilidades; trabalha com aqueles de quem se esperam transformações para elaborar um plano minucioso e realista de implantação; depois, define e monta a infraestrutura necessária para dar suporte à Mudança.
9. **Orçamento** — analisa propostas de Mudanças sob perspectiva financeira para definir como alocar melhor os recursos limitados e garantir um saudável retorno sobre os investimentos.
10. **Instrutor** — proporciona experiências de aprendizagem para garantir àqueles a quem se pede que mudem as habilidades necessárias para acompanhar Mudança e ter êxito na organização futura.
11. **Incentivo** — reconhece e/ou recompensa as pessoas para reforçar os comportamentos desejados e resultados que capacitam Mudança.
12. **Administração do Desempenho** — define objetivos e expectativas no que se refere a comportamentos e resultados que capacitam Mudança, acompanha o

progresso das metas e expectativas, forma feedback e treinamento, e formalmente registra os resultados reais versus os resultados desejados.

13. **Responsabilidade** — acompanha as pessoas para garantir comportamentos e resultados alinhados com as metas e as expectativas, assegura que os líderes estão praticando o que pregam e define consequências quanto a comportamentos ou resultados incompatíveis com aqueles que capacitam Mudança.

O agente arrancou a página do caderninho e entregou à Ana:

— Preciso entrevistar estas pessoas o mais depressa possível — disse. — Uns 30 a 45 minutos para cada um. Consegue providenciar isso?

— Vou tratar disso já — respondeu Ana.

— Também seria ótimo se me arranjasse uma cópia do mapa organizacional, para eu saber quem trabalha para quem — acrescentou McNally.

A assistente já previra esse pedido; entregou a ele uma cópia do mapa organizacional e foi embora.

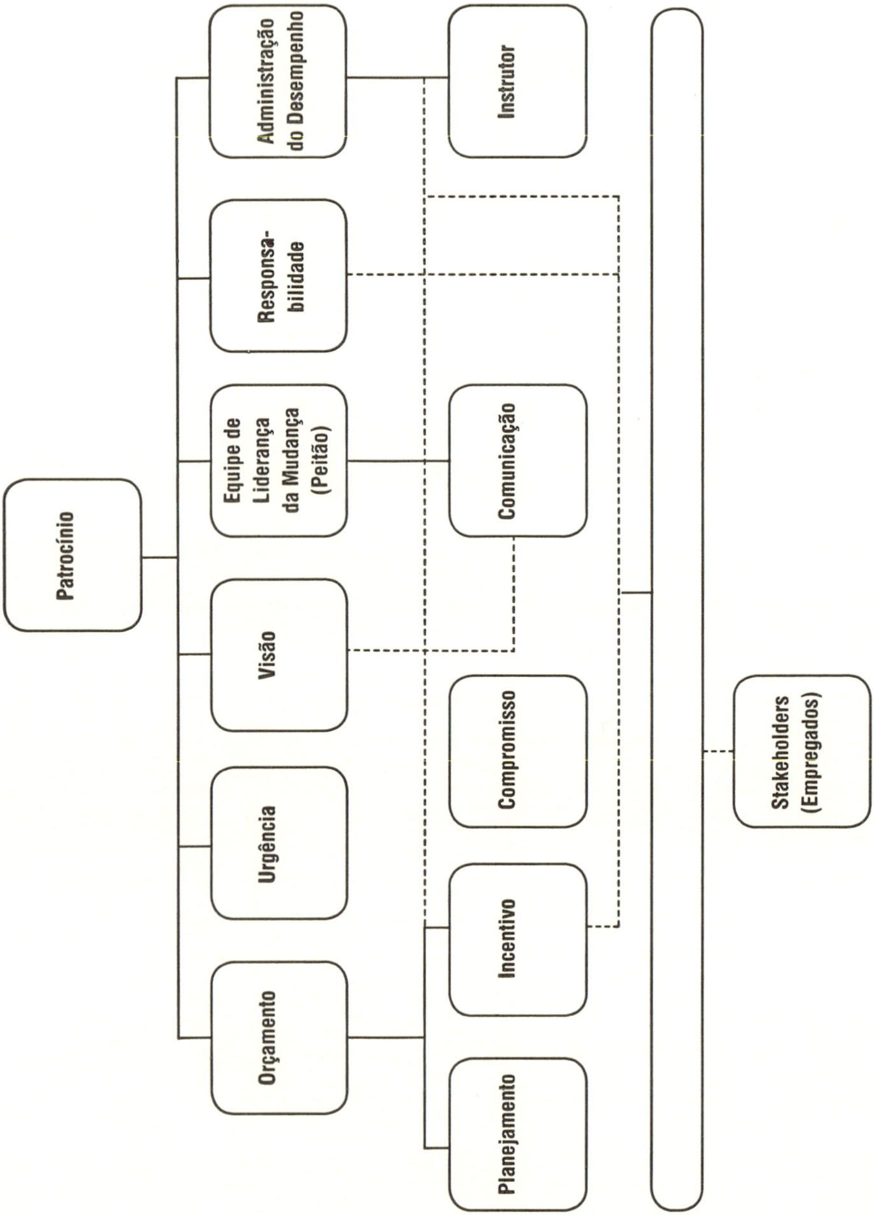
Patrocínio
Administração do Desempenho
Responsa-bilidade
Equipe de Liderança da Mudança (Peitão)
Visão
Urgência
Orçamento
Instrutor
Comunicação
Compromisso
Incentivo
Planejamento
Stakeholders (Empregados)

Suspeito nº 1: Cultura

Às 9h da manhã seguinte, o agente McNally, na mesma sala de reuniões onde Mudança fora assassinada, leu suas anotações. Ergueu os olhos quando Carolina Cultura entrou. Ele sabia que ela seria a primeira entrevistada, porém nunca a teria reconhecido. Cultura era baixinha e modesta, não era nem bonita nem feia. Não tinha feições marcantes, e ele achou que, se passasse por ela na rua, provavelmente nem a perceberia.

— Bom dia — disse McNally, tentando esconder a surpresa. — Como vai?

— Muito bem, e o senhor? — A voz dela era suave e baixa.

— Bem, bem, muito obrigado.

McNally pensava: *Por que perguntei como ela vai? Nunca faço isso. Apenas interrogo sobre o crime.*

A voz dela o despertou dos pensamentos.

— O senhor queria me fazer algumas perguntas?

— Quero, sim. Onde estava ontem de manhã?

— Aqui. Estou aqui praticamente o tempo todo.

O agente não interpretou o comentário dela como lamento nem martírio, tratou-se apenas de uma constatação.

— Visitou algum departamento?

— Ah, sim, faço as rondas. Visito todos os departamentos quase todos os dias.

— Alguém a viu?

— É uma pergunta interessante — respondeu Cultura. — As pessoas aqui estão sempre muito ocupadas. E precisamos admitir que o meu papel não é lá muito chamativo. Então não sei responder. O senhor tem de perguntar a elas.

McNally percebeu que se esforçava para ouvi-la.

— Como descreveria o seu relacionamento com Mudança? — perguntou.

Cultura não hesitou:

— Discreto — sugeriu.

McNally a provocou:

— Pode desenvolver mais?

— O papel de Mudança foi criado para chamar atenção. Ela me consultou algumas vezes, mas, em geral, a portas fechadas.

O agente perguntou, então:

— Ela a consultou? E a senhora conseguiu ajudá-la?

— Acho que sim. É difícil saber. Microgerência não faz o meu gênero. Já que ela nunca discutiu nenhum problema comigo duas vezes, presumi que fui capaz de resolvê-los.

— Microgerência? Quer dizer que ela respondia a você?

— Ah, não — disse Cultura. McNally percebeu um leve sorriso. — Ninguém me dá satisfações. Estou aqui há mais tempo que o senhor acreditaria. O meu papel sempre foi definir os credos que orientam o nosso funcionamento. Podemos compará-lo a uma bússola que indica uma direção, mas não a um mapa que explica detalhadamente como ir do ponto A ao B.

— Sobre o que, então, Mudança a consultou pela última vez?

— VALORES! — respondeu tão alto que McNally até chegou para trás na cadeira. Ela continuou num volume alto demais para o tamanho da sala e para a proximidade dos dois. —Mudança queria usar os valores da instituição como impulso para o que tentava realizar. Tentei ensinar-lhe que, quando os atos são compatíveis com os valores, temos mais probabilidades de êxito.

— E esses valores são...? — perguntou o agente, com uma voz suave, talvez na tentativa inconsciente de normalizar a intensidade dela. Não deu certo. Cultura mergulhou num monólogo ainda mais alto, que ele só conseguiu definir como deliberadamente ensaiado.

— Os nossos valores determinam que precisamos:

Ser eficazes. Para atingir as metas da empresa, precisamos operar de modo eficiente.

É necessário alocar os recursos e controlar as despesas.

Focar no cliente. Eles são muitos e precisamos fornecer a cada um o melhor atendimento possível.

Trabalhar em equipe. Realizaremos mais se trabalharmos em equipe. Na ACME acreditamos que "nenhum de nós é tão inteligente quanto todos juntos!"

Entender. No núcleo do entendimento está o ato de ouvir. Cada indivíduo trará uma perspectiva para a situação ou oportunidade. Ouvindo e entendendo todos os pontos de vista, tomaremos melhores decisões.

Ser excelentes. Os produtos são o nosso meio de vida. Qualquer coisa abaixo de excelente é inaceitável.

Era enorme a diferença entre a primeira impressão que tivera de Cultura e a força da sua apresentação sobre os valores da ACME. Mas, então, McNally considerou e percebeu que força e nível de decibéis não são obrigatoriamente sinônimos. Não detectara paixão naquele discurso, o volume era apenas substituto do sentimento verdadeiro.

— Ao falar dos valores, a senhora se expressou alto e claro — disse o agente. — Mas aposto que não há ligação entre eles e o que está, de fato, acontecendo aqui.

Cultura não respondeu. McNally anotou mentalmente que não a vira piscar nem uma vez durante a conversa.

— Poderia comentar a respeito disso? — pediu ele educadamente.

— Claro, mas não percebi que era uma pergunta — disse, baixando a voz. — Como já lhe disse, minha função é plantar as bases e indicar a direção. Não controlo se os indivíduos ou as equipes vivem conforme os valores.

McNally queria saber se Cultura conhecia bem a colega Responsabilidade. Ele sabia que, se Responsabilidade trabalhasse corretamente, apoiaria os comportamentos que estimulam Cultura. Já estivera em casos suficientes para saber que sempre havia uma lacuna entre os valores e os comportamentos cotidianos adotados das pessoas dessa empresa. Neste momento ele desconfiava de que era um abismo, não uma pequena lacuna. Presumindo-se que Cultura não assumiria responsabilidade nenhuma pela disparidade, mudou de tática.

— Faz alguma ideia de quem matou Mudança? — perguntou.

— Não faço a mínima — respondeu Cultura imediatamente.

— Mas com certeza — o agente adulou —, com o longo histórico aqui, as tantas horas que dedica ao trabalho e a óbvia influência sobre a instituição, a senhora deve ter uma ideia de quem não gostava de Mudança ou queria tirá-la do caminho.

— Está me lisonjeando, agente McNally. Sim, estou aqui há muito tempo e trabalho muitas horas. Gostaria de acreditar que já tive e ainda tenho alguma influência sobre esta instituição. Mas ainda assim não sei lhe dizer quem matou Mudança.

McNally novamente pegou-se inclinado para frente, hipnotizado pelo tom meloso da voz de Cultura.

Houve uma longa pausa. Então ela perguntou:

— Mais alguma coisa?

— Não, acho que é só. Onde posso encontrá-la se tiver mais perguntas?

— Ah, estarei por aí — disse.

Mais uma vez McNally achou que notara um leve sorriso. Baixou a cabeça para consultar as anotações e ver quem era o próximo da lista. Levantou a vista e falou "Obrigado pela..."

Mas Cultura já havia ido embora. Olhou para trás e a porta estava fechada. Ele não a ouvira abrir nem fechar. Com certo constrangimento, chegou a cadeira para trás e procurou embaixo da mesa de reuniões. Nada. Não havia ninguém ali.

Isso é simplesmente assustador, pensou. *Simplesmente assustador.*

Suspeito nº 2: Compromisso

CÁSSIO Compromisso foi o próximo a aparecer na sala de interrogatório. Com semblante sério, sorriu para o agente, apertou-lhe a mão e sentou-se.

McNally iniciou a entrevista:

— Agradeço por ter vindo. Como já sabe, estou investigando a morte de Mudança. Se importa de falar um pouco sobre si mesmo?

— Com prazer. Certamente, como a maioria aqui, exerço diversas funções. Meu objetivo principal, contudo, é conquistar adesões para Mudanças que empregamos aqui. — Parou e olhou ansioso para McNally.

— Fale mais. Pode me contar como trabalha a liderança em relação à Mudança?

— Claro que sim — respondeu Compromisso com um sorriso. — Não sei quem o senhor já entrevistou e não quero usar a descoberta de outra pessoa a meu favor. Posso lhe dizer que aprendi muito com Mudanças que tivemos por aqui no decorrer dos anos. A maior lição foi que os empregados apresentam preocupações bem previsíveis diante de uma nova Mudança. Se não reagirmos a essas intranquilidade, as probabilidades de êxito caem muitíssimo. Quando uma Mudança é apresentada, parece que todos precisam de mais informações e querem saber por que ela é necessária. Então eu e Expedita Urgência cuidamos disso. A equipe também tem preocupações pessoais: se vão ganhar ou perder com ela. Queira a chefia ou não, os empregados só aderem a ela depois que compreendem como serão afetados. Não percebe, agente McNally, que, se tratarmos dessas preocupações, é mais provável que conquistemos o apoio deles? Repito: essa é a minha função.

McNally sentiu a paixão de Compromisso. De fato, até conseguia imaginá-lo no palco fazendo um discurso de motivação, diante de uma plateia atenta e respeitosa.

Compromisso continuou:

— É necessário saber criar uma imagem de Mudança e ajudar as pessoas a visualizá-la. Para isso, preciso de Vitória Visão. E será que não faz sentido deixar alguns dos nossos funcionários se envolverem no processo decisório a respeito de Mudança? Para isso, confio em Gastão Patrocínio e Peitão.

— Peitão? — perguntou o agente.

— O senhor vai conhecê-lo mais tarde, tenho certeza. Todos conhecem Peitão. Enfim, depois que Mudança se estabelece, os empregados se perguntam se é possível mesmo integrá-la. Pereira Planejamento precisa se envolver, Ivo

Instrutor treinar a equipe e Isabella Incentivo fornecer o incentivo.

Compromisso levantou-se e começou a marchar com as palmas das mãos e os olhos voltados para o teto, como se falando com uma autoridade superior:

— No fim das contas, os empregados têm preocupações, querem saber se conseguirão realmente trabalhar juntos. É aqui que preciso de vocês mais do que nunca, Álvaro Administração do Desempenho e Roberta Responsabilidade.

McNally olhou ao redor para ver se entrara mais alguém na sala. Ninguém.

Agora com a cabeça baixa e as mãos também, Compromisso voltou para sua cadeira e se sentou. O agente percebeu que o suspeito suava muito. Pegou uma garrafa d'água e colocou diante de Compromisso.

— Puxa, ouvir o senhor assemelha-se a ouvir um sermão — comentou McNally. — Mas, apesar de toda a paixão, não pude deixar de pensar que os seus colegas podem não dispor das lições que o senhor aprendeu a respeito de Mudança.

A expressão de Compromisso dizia a McNally que ele atravessava um conflito interior com relação a quanta informação queria divulgar. Por fim, disse:

— Somos um pouquinho disfuncionais aqui.

McNally usou o silêncio para incitá-lo a continuar.

— Engraçado o senhor ter dito "sermão" há pouco — finalmente continuou Compromisso —, porque isso resume bem o que sinto fazer aqui: pregar. A congregação, composta de chefes e gerentes, vem todo domingo. Sorri, acena afirmativamente com a cabeça, aperta a minha mão, sai e se comporta como bem entende de segunda a sexta. Academicamente, entende que as pessoas estão muito mais propensas a aderir a ela quando envolvidas no planejamento e capazes de influenciar decisões. Mas os chefes e os gerentes não se comprometem, se me permite dizer, com a aplicação constante dos conhecimentos. E se iludem ao pensar que os empregados não veem o que está acontecendo.

Compromisso parecia exausto. Isso era esquisito, levando-se em conta que McNally ouvira que ele era normalmente cheio de energia e entusiasmo.

— Mais uma pergunta — disse o agente. — Sabe quem pode ter matado Mudança?

— Sinceramente, não — respondeu Compromisso bem sério. — Para mim, é difícil acreditar que alguém deixaria de se comprometer com Mudança depois de ver o que ela estava tentando fazer.

Trocaram mais um aperto de mão e Compromisso saiu da sala.

Reflexões sobre Cultura e Compromisso

McNALLY fez uma pausa nas entrevistas, saiu do escritório, acendeu um charuto e pensou no que aprendera a respeito de Cultura e Compromisso. Escreveu no caderninho algumas ideias.

CULTURA

Embora soubesse recitar de cor os valores formais da instituição, expostos em cartazes por toda a empresa, não estava lá muito afinada.

- Não entendia os verdadeiros valores da instituição — os padrões de atitudes, convicções e comportamentos predominantes que caracterizavam a empresa.
- Quando há uma lacuna entre os valores declarados e o modo como a instituição funciona, os valores pendurados na parede não são levados em conta. Os empregados ficam céticos, até cínicos, com relação aos chefes que dizem uma coisa e fazem outra. A cultura e os valores reais

sempre falam mais alto que aqueles declarados. Mudança se daria melhor se passasse mais tempo tentando entender e se alinhar com os valores reais que pedindo conselhos à Cultura.

COMPROMISSO

Compromisso é um personagem interessante:

- Ele sabe que é mais provável os funcionários adotarem uma decisão a qual influenciaram que uma imposta por outrem. Também sabe que descobrir as preocupações previsíveis que surgirão diante de Mudança permitirá que as mesmas sejam resolvidas, aumentando tanto a confiança quanto o número de adesões.
- Apesar da paixão, não conseguiu convencer os chefes da instituição a agirem com base nos conhecimentos dele. Como consequência, as pessoas que não exerciam influência sobre Mudança lembravam aos chefes que podiam arruiná-la ou matá-la.

Será que Cultura e Compromisso eram suspeitos possíveis? Neste ponto da investigação,

McNally ainda não sabia, tinha mais perguntas que respostas.

- Será que Mudança entendia Cultura o suficiente para se alinhar com ela ou tentar modificá-la?
- Será que o alto escalão entendia que, embora fosse possível tomar decisões mais depressa com menos gente envolvida, essas decisões geralmente não traduzem uma integração melhor nem mais rápida ou sustentável de Mudança, porque não existe Compromisso sem envolvimento?
- Aqueles chefes que sabiam muito a respeito de Cultura e Compromisso fizeram de tudo para ajudar Mudança a realmente participar da instituição?

Suspeito nº 3: Patrocínio

GASTÃO Patrocínio era um comercial ambulante de revista de moda masculina. Dos sapatos lustrosos ao cabelo perfeito, não deixava passar nenhum detalhe. O agente McNally olhou para a própria camisa amarrotada, a gravata frouxa e os sapatos pretos sem lustre, e fez uma anotação mental de que não podia antipatizar com ele por conta dessa imagem. Imparcial, o agente perguntou:

— O que faz aqui nesta instituição?

— Uma das principais funções que eu exerço — respondeu Patrocínio — é ser o patrocinador executivo do grande empenho de Mudança e garantir que Equipe de Liderança da Mudança funcione bem. Com isso eu quero dizer que, para que Mudança seja bem-sucedida na ACME, uma pessoa — em posição de influência — precisa assumir o que eu chamo de "propriedade" de Mudança. Para tanto, a instituição está estruturada de modo que eu seja o único a quem a maioria dos departamentos estão subalternos. É claro que eu tenho diretores e gerentes que cuidam das operações cotidianas. Mas as pessoas têm conhecimento perfeito da minha posição. Se eu endossar, digamos, um projeto, sabem que vai acontecer, de um jeito ou de outro.

McNally fez uma anotação mental de que, no discurso de abertura, Patrocínio usou a palavra "eu" seis vezes em seis frases.

— Então, quantas iniciativas de Mudança o senhor já tomou nos últimos 12 meses? — perguntou.

Patrocínio não hesitou:

— Quatro.

Praticamente sem tentar mascarar o sarcasmo, o agente perguntou:

— E, além de se amparar no seu status e no seu cargo, o que o senhor fez, de fato, que se perceba como verdadeiro patrocínio?

Patrocínio parecia confuso e respondeu:

— Eu organizei reuniões e comuniquei as minhas expectativas.

Houve uma longa pausa. Finalmente McNally o instigou:

— E o que mais?

— Tenho diretores e gerentes para prosseguir a partir desse ponto.

— O senhor conhecia bem Mudança?

— Ah, éramos bons amigos. A gente costumava caminhar e, de vez em quando, correr juntos.

— E o relacionamento profissional?

— Nessas reuniões eu sempre dava a ela posição de destaque. Eu não deixava dúvidas de que eu a apoiava em todos os aspectos.

— Então deixava os diretores e gerentes prosseguirem a partir desse ponto? — perguntou McNally.

— Claro. Lidar com Mudança é uma das coisas para que eu os pago.

— Vou lhe fazer uma pergunta — disse o agente. — Casado?

— Não.

— Muito bem. Digamos que tenha uma namorada e ela um dia diga que o ama. Depois desse dia, o senhor quase não fala com ela, a não ser para dizer "oi" quando passa pelo corredor. Acha que esse é um relacionamento que vai dar certo?

— Bem, provavelmente não.

— Consegue ver a ligação?

Patrocínio, com um ar perplexo, não respondeu.

McNally perdeu a paciência:

— Olha, ninguém pode esperar que Mudança seja bem-sucedida apenas ao deixá-la em posição de destaque em algumas reuniões! — Pesando as palavras criteriosamente, levantou-se e começou a andar pela sala. — Está superestimando o poder das suas palavras. Sendo Patrocínio, o senhor tem de fazer mais do que apresentar Mudança. Deve estar visível e dar apoio muito tempo depois das reuniões de apresentação. Os seus atos são muito mais potentes do que as suas palavras. Precisa permanecer vinculado à Mudança durante todo o processo. Também cabe ao senhor garantir o envolvimento de Roberta Responsabilidade e de Isabella Incentivo. O que faz tem três vezes mais força do que o que diz. Entendeu?

McNally olhou para Patrocínio, que parecia hipnotizado pelo próprio reflexo na janela da sala do interrogatório.

— Entendeu? — repetiu, erguendo a voz.

Patrocínio virou-se e olhou para ele.

— Nunca pensei muito em como ajudar Mudança a ter êxito — respondeu com sinceridade na voz. — Acho que pensava assim em razão do meu cargo na instituição. Eu conseguia com que aderissem a ela só com um comunicado.

Os comentários de Gastão Patrocínio foram interrompidos pelo toque do celular dele. Para espanto do agente, Patrocínio atendeu o telefonema e saiu da sala de reunião.

McNally suspirou. Fora quase impossível entrar na agenda desse suspeito, e agora não fazia ideia de quando voltaria a vê-lo.

Suspeito nº 4: Equipe de Liderança da Mudança

O agente McNally pegou o caderninho preto e examinou a lista. Até então, entrevistara Carolina Cultura, Cássio Compromisso e Gastão Patrocínio. O próximo da lista era Chester, da Equipe de Liderança da Mudança.

McNally aprendera em casos anteriores que Equipe de Liderança da Mudança era o principal responsável pela integração de Mudança na instituição. Os membros de sua equipe foram escolhidos em razão da influência que exerciam sobre a instituição. Frequentemente, os membros deviam o poder ao cargo que ocupavam — isto é, o título que possuíam levava os empregados a prestarem atenção neles, mas isso nem sempre acontecia. O administrador sensato, ao formar essa equipe, também incluiria nela líderes informais de todos os níveis da instituição, pessoas com grande experiência técnica ou interpessoal na área de Mudança. Para que esta tivesse êxito, era preciso que muitas vozes a defendessem.

Quando McNally entrou na sala, não teve dúvidas a respeito de quem estava sentado do outro lado da mesa — no mesmo lugar onde Mudança morrera. Chester, da Equipe de Liderança da Mudança, era enorme. Os bíceps mediam três vezes mais do que o de qualquer homem normal e havia muito pouco pescoço no ponto em que os ombros se ligavam à cabeça.

O agente McNally se apresentou por primeiro e último nomes, e o Sr. Equipe de Liderança da Mudança respondeu da mesma maneira.

— Olha — acrescentou —, quase todo mundo me chama de "Peitão". Ele exibiu os músculos do peito, o que tornou a camisa ainda mais apertada. — Pode me chamar assim, se quiser.

McNally lembrou que precisava mesmo começar a frequentar a academia, conforme decidira no último réveillon.

— Tá legal, Peitão: conhecia bem Mudança?

— Razoavelmente bem, eu diria. Fazia só uns cinco ou seis meses que ela estava aqui, e precisava aparecer na empresa, ser vista como importante. Então essa era a minha função, sabe... alavancá-la.

— Isso não se tornou monótono? Carregar o tempo todo Mudança? Deve ser cansativo — disse McNally.

— É um modo de ver a situação, acho. Mas, para mim, era malhação grátis. Está vendo estes bíceps? — disse Peitão, inflando-os. — Cresceram cerca de cinco centímetros desde que ela chegou.

O agente percebeu a confiança imperturbável de Peitão.

— Ei, posso pegar uma garrafinha d'água? — perguntou Peitão, olhando o frigobar no canto da sala.

— À vontade — respondeu McNally. — A gente manda a conta para o Orçamento.

Os dois riram.

Quando Peitão se levantou e foi pegar a água, o agente quase caiu da cadeira. Da cintura para cima, Peitão parecia o Mister Universo, mas, da cintura para baixo... O que lhe veio à mente foi a expressão "perninhas de pardal". McNally tinha na cabeça a imagem de pernas de poodle andando com corpo de pitbull. Peitão pegou a água e voltou para a cadeira.

Essa nova visão de Peitão levou McNally a alterar o rumo do interrogatório:

— Então a sua função principal era levantar Mudança?

— Isso mesmo — respondeu Peitão, com o que parecia tom de orgulho.

— E quem a carregava pela empresa?

— Não entendi a pergunta.

— É uma pergunta simples. Quem a carregava pela empresa?

Peitão parecia perplexo e ficou calado.

McNally sabia, por experiência própria, que é preciso que uma equipe de liderança carregue Mudança para dentro da empresa caso queira uma transformação eficaz. Lembrou-se de uma organização, em que trabalhara recentemente, que compreendera isso. Para apresentar Mudança, montaram uma equipe de liderança composta por membros que já haviam chefiado modificações com êxito. Eles dispunham do tempo necessário para administrá-la, eram muito competentes, se comunicavam bem, mas eram diferentes o bastante para evitar ideias idênticas, bem como apresentar e integrar Mudança em toda a empresa. Em resumo, tinham talento para levar a Mudança adiante.

McNally prosseguiu:

— Uma coisa é levantar Mudança o dia inteiro, outra é carregá-la pela empresa para interagir com as pessoas que possam ser influenciadas por ela.

— Olha — disse Peitão, ruborizado —, eu dava duro quando o assunto era Mudança.

— Da perspectiva de um observador externo — retorquiu McNally —, parece mais que o senhor usava Mudança para fins próprios: fortalecer e exercitar os músculos. Mas não pensava, de fato, no que ela nem a empresa precisavam.

E continuou:

— Talvez minha última frase tenha soado meio forte, mas, caso não se incomode com o que digo, está óbvio que o senhor se esforçava muito para aumentar a força da parte superior do corpo, ainda que, até certo ponto, com Mudança e a empresa em mente. Mas não consigo entender como a carregava constantemente sem parar com frequência para descansar.

Peitão admitiu com relutância:

— Tem razão. Ando fora de harmonia. Mas, quando me olho no espelho, só me vejo da cintura para cima. Não enxergo os defeitos, então não preciso consertá-los. Não sou de acusar os outros. Esse não é mesmo o meu estilo. Gastão Patrocínio fala em montar uma equipe toda vez que chega uma nova Mudança, mas, não sei por que, a responsabilidade sempre volta pra mim.

Era exatamente do que o agente suspeitara.

Com pena de Peitão, disse:

— É tarde demais para esta Mudança. Já está morta. Mas chegará outra e o senhor pode começar a exercitar a parte inferior do corpo. Preparar-se para carregar Mudança por toda a empresa, em vez de só levantá-la algumas vezes e, depois, desaparecer. O segredo é o equilíbrio, fazer parte do levantamento de peso logo no início e, depois, continuar a sustentar Mudança até o fim do processo.

Peitão acenou afirmativamente com a cabeça e disse:

— Obrigado. — Com ar de preocupação, perguntou — Vai me acusar?

— Não vou acusar ninguém antes de concluir a investigação.

— Terminamos? — perguntou Peitão.

— Por ora. Não pretende ir a lugar nenhum, pretende?

— Só à academia — disse Peitão, com um leve sorriso. — Preciso fazer uns agachamentos.

Suspeito nº 5: Comunicação

ALGUNS minutos depois que Peitão saiu, Clara Comunicação bateu levemente à porta da sala de reuniões e entrou. McNally levantou-se e disse:

— Olá, sou o agente Mike McNally. Obrigado por me conceder um pouco do seu tempo.

Comunicação respondeu com um sorriso quase imperceptível e um educado inclinar da cabeça para frente. Seu cabelo preto batia nos ombros e ela usava óculos de hastes pretas.

Sentaram-se em suas respectivas cadeiras e McNally disse:

— Presumo que já sabe por que pedi para falar com a senhora.

Comunicação assentiu com a cabeça.

— Pode descrever o seu relacionamento profissional com Mudança? — perguntou o agente.

Ela respondeu com um sussurro:

— Queira me desculpar, mas estou com laringite e...

Ele interrompeu:

— Prefere adiar a entrevista?

— Não, não — sussurrou. — É uma espécie de enfermidade crônica. — E continuou —Mudança e eu trabalhamos iuntas em alguns projetos. Ela me pedia ajuda a fim de espalhar a notícia entre aqueles que precisavam estar envolvidos.

— Conseguiu ajudá-la?

Comunicação levou a mão em concha ao ouvido.

— Desculpe, pode repetir a pergunta? As baterias do aparelho auditivo descarregaram há algum tempo e ainda não tive como trocá-las.

— Conseguiu ajudá-la? — perguntou um pouco mais alto.

— Ah, sim. Ajudei a rascunhar uns memorandos e montar uns cartazes. E ela me levou à maioria das reuniões para divulgar seus planos às pessoas.

McNally levou um susto. Aprendera ao longo dos anos que, embora uma das funções de Comunicação fosse falar, a outra era ouvir. Ele sabia que muitas pessoas que ocupavam esse cargo eram talentosas no uso das palavras e adoravam informar às demais a respeito de Mudança. Porém, as melhores em promovê-la eram também as melhores ouvintes.

Em voz alta, o agente mudou abruptamente o assunto:

— Conhece alguém que gostaria de ver Mudança morta?

— Não sei dizer — cochichou de modo quase inaudível.

— Não sabe ou não quer dizer? — demandou.

Comunicação pegou um bloquinho de papel, rabiscou algumas palavras e o empurrou para McNally. O bilhete dizia: *Não sei dizer. A voz sumiu. Às vezes acontece. Lamento. Não sei quem poderia querer matar Mudança.*

Quem escreveu, então, foi ele. Devolveu o bloquinho à Comunicação: *Pode me explicar como consegue desempenhar a sua função com competência se de vez em quando não consegue falar?*

Clara Comunicação olhou para o agente, forçou um breve sorriso e pegou a caneta e o bloquinho de volta. *Tenho alguém que me ajuda*, escreveu.

Ele suspirou.

— Fale mais sobre essa pessoa. O que ela faz?

Ela escreveu:

— Chama-se *Comitê. Quando temos um assunto difícil de se resolver e a laringite se manifesta, o Comitê reúne um grupo e chefia as conversas nessas reuniões.*

— A senhora o considera eficiente? — perguntou, duvidando.

Comunicação escreveu: *Ele mantém as coisas em ordem.*

Controlando a irritação, McNally respirou fundo e respondeu:

— Perguntei se ele é eficiente. Ter as coisas em ordem não é, na minha cabeça, sinônimo de eficiência.

O agente já trabalhara com Comitês. A maioria se reunia com regularidade, mas faltavam-lhes Planejamento e Responsabilidade. Quase sempre convocavam a Delegação para essas reuniões. Continuidade e Consequências eram ausências notáveis.

Comunicação ficou olhando para ele. Não pegou a caneta.

— Muito bem — disse McNally —, está liberada. Talvez precise conversar com a senhora de novo e talvez queira que fale com Comitê também. Portanto, fique na área.

Reflexões sobre Patrocínio, Equipe de Liderança da Mudança e Comunicação

O agente McNally se sentiu muito desiludo depois de entrevistar Patrocínio, Equipe de Liderança da Mudança (vulgo "Peitão") e Comunicação. Em todos esses anos de trabalho, jamais testemunhara tamanho fracasso de liderança.

Escolhera o caso errado para deixar de fumar. Saiu da sala, acendeu um charuto, deu umas baforadas e pensou no que aprendera com os três suspeitos que acabara de entrevistar. Anotara no caderninho, com a esperança de que outros usassem esses dados para evitar os mesmos erros.

PATROCÍNIO

Embora Patrocínio diga as coisas certas, em razão da paixão por ouvir a si mesmo, as falhas foram muitas:

- Ele não dava exemplos dos comportamentos que esperava dos outros. Parecia não saber que os atos falam mais alto que as palavras.

- Não se juntou com Incentivo para reconhecer e incentivar os comportamentos desejados.
- Não se uniu à Responsabilidade para mostrar a todos que falava sério com relação a essa Mudança.
- Não deu ouvidos aos conselhos de Compromisso sobre garantir a Mudança trazendo à tona os problemas para que fossem resolvidos e envolvendo as pessoas às quais se pediam modificações no processo de tomada de decisões.
- Não selecionou e preparou uma equipe de liderança bem-qualificada; pelo contrário, atribuiu passivamente a implantação da Mudança a seus relatórios diretos.

O agente McNally questionou com que frequência Patrocínio acredita que Mudança só precisa de uma boa apresentação para ter êxito, visto que, se ele não a acompanha até o fim, ela fracassa. Por outro lado, é difícil se envolver ativamente na ajuda à Mudança quando se está fazendo caminhadas.

EQUIPE DE LIDERANÇA DA MUDANÇA, vulgo "PEITÃO"

McNally matutou sobre o que aprendera com Peitão:

- Ele perdeu uma valiosa oportunidade de incluir defensores de Mudança no cotidiano da equipe de liderança.
- Conspirou com Compromisso — ambos tratavam como espectadores aqueles a quem se pediam transformações, em vez de os tornarem participantes ativos do processo de mudança.
- Assim como Patrocínio, Equipe de Liderança da Mudança foi considerado hipócrita, e o comportamento dele deu aos outros mais uma desculpa para resistir à Mudança.

COMUNICAÇÃO

Comunicação também apresentou falhas:

- Não manteve contato com Patrocínio e Equipe de Liderança da Mudança. Isso resultou em mensagens conflitantes sobre Mudança na instituição, o que, por sua vez, surgiu como desculpa fácil para o pessoal ignorar Mudança.

- Ela estava concentrada demais em espalhar a notícia, mas não o suficiente na criação de diálogos para expor e resolver as previsíveis preocupações das pessoas a respeito de Mudança.

Sentindo-se meio enjoado, McNally apagou o charuto. Nicotina demais — ou insuficiência de liderança? Ambos, provavelmente.

Suspeito nº 6: Urgência

A entrevista com Expedita Urgência estava marcada para as 15h. Urgência chegou, sem pressa, lá pelas 15h15, pediu licença para pegar um cafezinho e voltou, pronta para o interrogatório, às 15h25. *É um mau sinal*, pensou McNally.

— Entende por que está aqui? — perguntou, olhando nos olhos da Urgência.

— Claro, claro. Mudança foi assassinada ontem à noite nesta sala de reuniões. Em geral, só os líderes têm acesso a esta área do prédio, portanto, naturalmente seríamos os primeiros suspeitos.

Urgência não teve pressa nenhuma para chegar à reunião e sentar-se, mas agora estava toda inquieta, consultando o relógio constantemente e olhando para a porta.

— Tem algum outro compromisso? — McNally perguntou com sarcasmo incontido.

— Olha aqui — respondeu Urgência com o rosto ruborizado —, lamento que tenham matado o Mudança. Sinto mesmo, mas preciso cuidar de muitas coisas. Quem a matou não fui eu. Mal a conhecia. Que motivo eu teria? Esta entrevista, ou seja lá como chama, é um desperdício do meu tempo.

— Anotado — disse o agente secamente. — Então, onde estava entre as seis da manhã e o meio-dia de ontem?

— Mas ela não foi assassinada ontem à noite? — perguntou Urgência.

— Talvez sim, talvez não. Apenas responda à pergunta — disse McNally.

— Preciso pegar a minha agenda — respondeu Urgência.

— Eu espero — disse McNally, recostando-se na cadeira e pondo os pés na mesa.

Quando Urgência saiu da sala, ele fechou os olhos e meditou sobre casos anteriores. Sabia que, para Mudança sobreviver, os líderes deveriam apresentá-la com Urgência, os gerentes deveriam aceitá-la junto com Urgência e, então, apresentá-la com Urgência a todos os funcionários. Outras Mudanças chegavam e partiam nessas instituições, mas aquelas apresentadas com Urgência tiveram mais probabilidades de êxito. No auge da forma, Urgência fazia o seguinte:

- Enviava mensagens claras e coerentes sobre quem é Mudança e o que esperar dela.

- Apresentava um plano de negócios persuasivo e que justificava a necessidade de Mudança.
- Articulava a crise ou a oportunidade que precisava de Mudança e a comunicava ampla e bombasticamente.

Ao ouvir Urgência retornando, McNally abriu os olhos e pôs os pés de novo no chão.

— Cheguei aqui exatamente às 7h40 — disse Urgência, ao consultar a agenda. — Havia uma reunião marcada para as 7h30, eu estava um pouco atrasada e, depois, passei o resto do dia em várias reuniões.

— Nenhum intervalo entre elas? — indagou McNally.

— Sim, alguns. Mas não haveria tempo para... — fez uma pausa. — Olha, não fui eu! — Exclamou.

— Como apresentou Mudança aos gerentes da ACME?

— Vejamos. Mudança chegou aqui há uns seis meses. Nós a trouxemos porque os concorrentes estavam encolhendo nossa fatia do mercado. Fizemos algumas reuniões formais. Comuniquei aos gerentes a importância que imaginava ter o papel dela e, depois... Bem, eles a conduziram a partir de então.

— Para onde? — perguntou McNally.

— Para as pessoas — resmungou Urgência.

— Como sabe que Mudança chegou a elas?

— Ah, vi Mudança no refeitório com os gerentes e os outros em diversas ocasiões — respondeu na defensiva.

McNally levantou-se e começou a andar pela sala.

— Olha, ambos sabemos o que está acontecendo. Mudança era nova aqui, e a senhora, além de apresentá-la à empresa, também deveria integrá-la. A sua função é comunicar uma ideia empresarial racional para justificá-la, de um modo que motive os gerentes e os demais a entenderem a necessidade imediata de Mudança e a adotarem. A sua agenda está tão diluída com reuniões superficiais que a senhora perdeu a noção das prioridades. Devia ser a Sra. Urgência, mas não consegue nem comparecer às reuniões na hora certa. Chego a ficar enjoado. Saia daqui!

Sem uma palavra sequer, Urgência se levantou e dirigiu-se à porta. Antes que ela a fechasse, o agente gritou:

— Não deixe a cidade!

Suspeito nº 7: Visão

A próxima reunião de McNally era com outro membro da equipe de liderança: Vitória Visão. Quando Visão entrou, ele não pôde deixar de reparar na ironia: ela estava de óculos cor-de-rosa. *Por que não?* pensou. Se Comunicação tinha crises frequentes de laringite e usava aparelho auditivo, por que Visão não poderia usar óculos cor-de-rosa?

McNally conhecia muito bem o poder de Visão em qualquer empresa, principalmente no que se refere à Mudança. A função singular de Visão era afastar-se das operações cotidianas e ver a empresa e seu desempenho não como são hoje, mas como poderiam ser ou seriam amanhã, no mês que vem, no ano que vem etc. Isso era, na verdade, a parte fácil do cargo. A parte difícil era fazer com que outros vissem o que ela via.

A função, o cargo e o status de Visão na instituição lhe permitiam transcender as minúcias das operações cotidianas. McNally sabia que a maioria dos membros da instituição não usufruía desse luxo. Ela olhava para cima e para fora, enquanto a maioria olhava para baixo e para dentro. Entretanto, precisava, para ser bem-sucedida, que os outros olhassem para cima e para fora, visualizassem o futuro e, então, recalibrassem as atividades. A necessidade desse cargo era intensificada sempre que Mudança aparecia na empresa.

O agente pensou: *duvido que essa mulher consiga inspirar os outros a verem o que ela vê. Com esses óculos, é excessivamente otimista e provavelmente não está em contato com a realidade da empresa.*

Visão sentou, tirou os óculos e começou a limpá-los metodicamente com um lenço. Para McNally, ela parecia descontraída.

— Não fui eu — disse Visão calmamente.

— Não foi a senhora o quê? — rebateu.

— Não fui eu que matei a Mudança.

— Sabe quem foi?

— Andamos todos conversando, sabe. Desconfio. Mas não passa disso: desconfiança. Não tenho provas.

— Poderia compartilhá-la comigo?

Visão parou de esfregar as lentes dos óculos. Encarou McNally e, depois de um momento, disse:

— Tudo bem, mas que fique entre nós. Acho que foram alguns dos empregados.

— *Alguns* dos empregados? Não foi só um? — perguntou ele.

— Poderia ter sido só um, mas acho que foi um grupo.

— Um grupo? Que grupo?

Antes que Visão pudesse responder, alguém bateu à porta. Ana colocou dois cardápios diante deles e disse:

— Sei que nenhum dos dois almoçou. Façam um círculo no que querem. Volto daqui a pouco para pegar os cardápios.

Os dois obedeceram e consultaram os cardápios. Quando McNally terminou de circular o pedido dele, olhou para cima e percebeu que Visão pusera de lado os óculos cor-de-rosa e agora usava óculos com lentes fundo de garrafa para ler o cardápio.

A ironia não para de aumentar, refletiu consigo mesmo.

Visão concluiu a tarefa, recolocou os óculos fundo de garrafa no estojo, guardou-o no bolso e voltou a limpar os outros óculos.

— Onde estávamos? — perguntou ela. — Ah, é! O grupo. Não tenho certeza absoluta, mas se fosse um agente trabalhando neste caso eu xeretaria lá pelo departamento de Compras. É claro que não fui eu que disse isso.

O agente McNally pôs isca no anzol e foi pescar.

— Então, se fosse um agente trabalhando neste caso e, por acaso, passasse pelo departamento de Compras, qual seria a primeira pergunta que a senhora faria?

— Vejamos. Primeiro, questionaria algumas coisas inocentes para quebrar o gelo. Depois, perguntaria como andava o novo processo de estoque *just-in-time*.

— Presumo que não esteja indo bem.

— O senhor é um agente brilhante — respondeu Visão.

— Quando adotaram esse novo processo?

— Cinco ou seis meses atrás.

— Foi uma transição importante para eles?

— Ah, com certeza. O estoque estava nos matando. — O rosto de Visão de repente ficou ruborizado. — Desculpe! "Matando" foi provavelmente uma escolha ruim de palavra.

— O pessoal do departamento conhecia bem Mudança?

— Acho que não eram íntimos. Conhecidos, eu diria. Só conhecidos.

— Mas essa não é a sua função? Fazer com que os empregados se imaginem com Mudança no futuro?

Visão olhou para McNally com semblante inexpressivo.

— Quer dizer, a senhora acaba de admitir que essa Mudança foi uma transição importante para aquele departamento. Se nunca operaram com um paradigma e, de repente, lhes informam que precisam dar uma guinada de 180 graus, não acha que as probabilidades de êxito seriam maiores se Mudança fosse mais que mera conhecida?

— Então quer dizer que a culpa é minha? — perguntou Visão.

— Onde estava ontem de manhã? — indagou McNally.

Visão agora parecia nervosa. Começou a esfregar as lentes com mais vigor.

— Das 7h às 8h, numa reunião da diretoria. Examinávamos o rascunho do plano estratégico. Depois, mexendo numas papeladas na minha sala até umas 9h45 e, em seguida, precisei sair porque tinha hora marcada com o optometrista.

Ironia, ironia, ironia, pensava McNally.

Visão prosseguiu.

— Olha, não tenho motivo. A minha função trata principalmente de três coisas: prestar atenção às novas tendências e tecnologias, procurar ideias e oportunidades, e criar uma imagem inspiradora do futuro. Preciso de Mudança. Por que ia querer matá-la?

Talvez ela não seja tão desorientada como pensei, matutou o agente.

— Não a estou acusando de ter matado Mudança — disse. *Mas a senhora não impediu que ela morresse* — pensou. — Mesmo assim, não quero que vá a lugar nenhum por alguns dias.

Houve outra batida na porta e Ana voltou para pegar os cardápios. Visão, com aparência pálida, levantou-se e voltou a pôr os óculos.

— Não estou com fome — disse e saiu.

Reflexões sobre Urgência e Visão

ENQUANTO esperava sozinho pelo almoço, McNally pensou no que ouviu e não ouviu de Urgência e de Visão. Estava ficando sem espaço no caderninho, então começou a usar o verso das folhas para anotar o que aprendera.

URGÊNCIA

Com base no comportamento incoerente, Urgência era uma provável suspeita:

- Tentou fazer as pessoas aceitarem Mudança, mas nunca as convenceu de que o *status quo* não era mais opção viável.
- Deixou de passar tempo suficiente com aqueles que se doíam pelo *status quo.*
- Tampouco passou tempo suficiente com os que viram a oportunidade de elevar os níveis de desempenho com a integração de Mudança.
- Deixou de perguntar aos outros por que achavam que a empresa precisava mudar. É sempre mais atraente defender Mudança quando as pessoas a quem se

pede que a adotem são levadas a encarar os fatos e convidadas a opinar.

VISÃO

Visão era claramente suspeita do assassinato de Mudança:

- Não via com clareza a própria empresa.
- Ignorava os conselhos de Compromisso. A Visão criada durante um retiro executivo fora da empresa não significa muito para aqueles na linha de frente que não tiveram participação nenhuma nessa criação. Quanto mais ela conseguir envolver o pessoal no processo de percepção, mais provável que queiram participar da instituição no futuro.
- Não conquistou as adesões necessárias para alcançar sua visão inspiradora. A maioria dos chefes, na tentativa de iniciar uma mudança, a anunciam ("Vejam o que vamos fazer!"), despertam expectativas obscuras ou confusas ("Vamos elevar o nível!"), mandam as pessoas para o treinamento e comemoram a vitória prematuramente. Esquecem-se de pintar uma inspiradora imagem pós-mudança da empresa que inclua os funcionários.

Suspeito nº 8: Planejamento

PEREIRA Planejamento seria o próximo entrevistado do agente McNally, que se irritava porque ele, assim como Urgência, estava atrasado. Planejamento telefonara para dizer que vinha do aeroporto e chegaria em 10 ou 15 minutos.

Quando chegou, McNally se surpreendeu ao vê-lo de jaqueta de couro com um emblema de asa em cada manga. Largou ruidosamente no chão uma maleta preta pesada.

— O senhor deve ser o agente McNally — abriu um sorriso ao estender-lhe a mão. — Desculpe o atraso. É, desculpe o atraso. O dia está tão lindo, nenhuma nuvem no céu. Precisava aproveitá-lo. Tirei a manhã de folga. Acabo de voltar.

McNally terminou o aperto de mão e fez um gesto para que Planejamento se sentasse.

— Agradeço por ter vindo. Presumo que saiba por que pedi para conversar com o senhor.

— Sim, sim, sei. Coisa horrível a morte de Mudança. De fato, uma tragédia.

— Vou começar, se me permite, perguntando o que faz na empresa.

Planejamento permaneceu em silêncio, absorto em pensamentos profundos. Por fim, o agente pigarreou e o trouxe de volta ao presente.

— Ah, sim. O que faço aqui. O que faço aqui. Hmm, bem, pode-se dizer que a minha principal função é preparar a ACME para Mudanças que estão a caminho.

— Estratégicas ou táticas? — indagou McNally.

— Não entendi a pergunta — respondeu Planejamento.

Planejamento tinha a obrigação de conhecer esses termos. Com um toque de sarcasmo, McNally disse:

— Sabe a diferença entre estratégia e tática, presumo.

— É claro que sei a diferença — respondeu Planejamento, com uma sutil postura defensiva.

— Então, quando está preparando a ACME para essas Mudanças, o senhor se envolve de maneira estratégica ou tática? Ou ambas?

— Ah, agora entendi — o sorriso lhe voltou ao rosto. — Na maior parte do tempo, estrategicamente. — Parou e ficou meio pensativo. — Sabe — recomeçou —, acho que é por isso que gosto tanto de voar. Panorama geral, entende? Não há nada igual.

Depois de longa pausa, continua:

— Pode parecer loucura, mas gosto de todas as Mudanças propostas. É um verdadeiro desafio para a massa cinzenta. — Bateu do lado da cabeça com um dedo. — Adoro elaborar teorias sobre como ela poderia se adaptar e qual será o resultado. É a mesma sensação de estar no controle de um bom avião. Excelente sensação!

— Mas é claro que o senhor não pode levar para passear todas as atividades ou projetos associados à Mudança. Não pode pilotar razoavelmente todos eles, pode? Precisa de alguma espécie de projeto de triagem, certo?

— Eu tinha um — respondeu Planejamento. — Tinha uma colega, mas ela está em licença médica há algum tempo. O nome dela é Priorização. Trabalhava na torre. Isto é, na torre de controle de tráfego. Era muito exigente com relação aos regulamentos. A minha filosofia é um pouquinho diferente da dela e, bem, para falar a verdade, para mim é difícil dizer não. Enfim, isso é algo que não toma muito do meu tempo, e se empregarmos uma Mudança e não der certo, não faz mal, concorda?

McNally não respondeu.

Planejamento continuou, com olhar constrangido:

— Acho que a parte "não faz mal" depende das pessoas a quem perguntamos. Devo admitir que Oriana Orçamento pega no meu pé com relação ao número de projetos que assumimos a cada Mudança.

— O senhor decerto me deu muitas informações úteis sobre como administra a parte estratégica da função que exerce — disse McNally. — Mas deve despender ao menos algum tempo e energia na parte tática. Caso contrário, nunca ajudaria a Mudança, se me permite dizer, a decolar.

— Isso é trabalho para Infraestrutura — respondeu Planejamento.

— Infraestrutura? — perguntou o agente.

— É, ela cuida da tática. Não é a minha praia, digamos. Ela trabalha nos processos administrativos e na criação de ferramentas para incentivar esses processos na Mudança, acho.

— Acha mesmo? — perguntou McNally em tom cáustico.

— Olha — respondeu Planejamento —, não há necessidade de se irritar. Só estou repassando o que me disseram e tentando responder às perguntas da melhor maneira possível. Supostamente, Iara Infraestrutura trabalha com Álvaro Administração do Desempenho e Isabella Incentivo a fim de garantir aos empregados a tecnologia e os sistemas para trabalhar com Mudança. Mas o senhor precisa entender que passo a maior parte do tempo voando, portanto só enxergo o panorama geral; a visão estratégica, por assim dizer. Vivi Visão e Gastão Patrocínio gostam de voar comigo de vez em quando. Mas Infraestrutura trabalha em terra firme. Portanto, para ser franco, não sei muito bem o que ela faz. O senhor terá de perguntar a ela.

Com um sarcasmo incontido, McNally indagou:

— O senhor desce das nuvens e fica em terra firme o tempo suficiente para planejar os detalhes de como se deve implantar Mudança?

Planejamento inspirou e expirou longamente para controlar a impaciência.

— Novamente, agente McNally, posso lhe dizer o que acho que sei, mas não consigo estar em dois lugares ao mesmo tempo. Além de Infraestrutura, Mensuração tem de prestar atenção em todos os detalhes. Tem de trabalhar com Administração do Desempenho e Mudança para definir os resultados dos serviços e a qualidade. Supostamente, Mensuração monitora os resultados da ACME comparando-os a essas referências. E, antes que pergunte — disse Planejamento, com uma das mãos erguida em postura defensiva —, nunca vi Mensuração pessoalmente. Estou sempre ocupado, planejando.

McNally já estava farto dessa mentalidade "não é do meu departamento".

— Uma dúvida — disse. — Já que o senhor gosta tanto de voar, quem garante que o voo tenha êxito?

— Eu — respondeu Planejamento, com semblante confuso. — Eu sou o piloto.

E inclinou a cabeça para o lado, parecendo não saber muito bem aonde McNally queria chegar.

— Não voo tanto quanto o senhor — continuou o agente — mas ouça o que creio saber. Para voar com êxito, é preciso um plano de voo. Quando, onde, como, a que velocidade etc., certo?

Planejamento ia começar a responder quando foi interrompido pela mão erguida de McNally:

— E, já que há mais de um avião no aeroporto esperando para pousar ou decolar, precisa de um controle de tráfego aéreo, certo? — perguntou McNally. — Muitos aviões decolando, pousando e atravessando as pistas seria muito perigoso, não acha? E um bom piloto não teria algum conhecimento das pessoas — tripulação de terra, mecânicos e todos os que conferem se tudo está funcionando bem antes de decolar?

Após mais uma longa pausa, Planejamento finalmente demonstrou perceber que McNally aguardava uma resposta para a última pergunta:

— Sim, certo — a voz dele era quase um sussurro.

Inclinando-se para frente na cadeira, o agente disse sombriamente:

— Vou tentar relacionar esse "bom voo" à sua função aqui. O Sr. Planejamento é o piloto das novas Mudanças que estão no espaço aéreo da empresa. Como o senhor nunca viu uma ideia ruim, prepara a empresa para o que chamo de "morte por causa de mil iniciativas". Priorização precisa voltar e o senhor deve praticar controle de tráfego para Mudança. As pessoas e Orçamento só conseguem trabalhar com determinado número de Mudanças de cada vez. E o senhor precisa assumir o controle de seus processos. Infraestrutura, Mensuração e Priorização devem se sincronizar durante a preparação de decolagem de Mudança. E o senhor, Planejamento, como piloto, é o principal responsável pela viagem. Embora deva ter a expectativa de que sua tripulação e os demais farão bem os serviços, Responsabilidade também precisa estar a bordo. O senhor conhece Roberta Responsabilidade?

— Já ouvi falar, mas não a conheço pessoalmente — disse Planejamento humildemente.

— Não me surpreende — respondeu. — Presumo que o senhor estava nas nuvens ontem quando Mudança foi assassinada.

— Sim.

— Então considere-se suspenso dos voos até o fim desta investigação. — McNally levantou-se e o encarou firmemente. — Está dispensado.

De volta ao escritório, Planejamento tirou a jaqueta de aviador e a jogou numa cadeira. Sentado à mesa, encarou uma folha de papel em branco. Encostou a caneta nela várias vezes, mas as palavras não saíam. *Quem o agente McNally pensa que é para falar comigo assim? Ele acha mesmo que não me importo com o êxito de Mudança? É claro que me importo*, pensou. Voltou a concentrar a atenção na folha em branco. Decidira ser mais tático e elaborar um planejamento minucioso para a implantação da mudança. Mas continuava embatucado. *A quem eu poderia pedir ajuda?*, perguntava-se.

Nunca ocorreu a Planejamento pedir aos empregados da ACME — os mais impactados com Mudança — ajuda para elaborar o plano de implantação. Ao que tudo indica, ele nunca aprendera uma lição fundamental sobre a liderança de Mudança:

*

Quem planeja a batalha raramente batalha o planejamento

*

Suspeito nº 9: Orçamento

ORIANA Orçamento era o próximo nome da lista de McNally. Ele a imaginara com a seguinte aparência: baixa, gorda, malvestida e com temperamento amargo. Enganou-se completamente. A princípio, achou que a mulher que entrara na sala estivesse no lugar errado, mas ela se apresentou com um sorriso cordial.

— Sou Oriana Orçamento. O senhor deve ser o agente McNally. Muito prazer em conhecê-lo.

McNally levantou-se e apertou a mão dela.

— O prazer é todo meu, madame — disse ele. Não sabia se estava ruborizado.

— Horrível, que coisa horrível — disse ela ao sentar-se. — Mudança era um verdadeiro bem para a empresa.

— A senhora a conhecia bem? — perguntou McNally, querendo ser ele mesmo um conhecido dela.

— Será que alguém chega a conhecer bem qualquer pessoa? — rebateu, reclinando-se na cadeira e olhando para o teto.

— Suponho que a senhora é subalterna de Gastão Patrocínio, não?

— Sou, sim — disse, distante. — Se lhe interessa quem manda em quem, é isso o que diz o gráfico organizacional, mas nós dois sabemos que, quando contratamos alguém que sabe o que faz, é melhor sair da frente. O Sr. Patrocínio não se mete no meu caminho.

— Qual era a sua relação de trabalho com Mudança?

— Igual à minha relação de trabalho com qualquer um — respondeu Orçamento sem emoção, com os olhos fixos em McNally. — Sou eu que, no fim das contas, carrego nos ombros o peso da responsabilidade fiscal da ACME. Me contrataram para isso: garantir aos investidores o retorno de seus investimentos. Preciso equilibrar despesa e receita. As pessoas da instituição solicitam verba, e eu avalio os pedidos de acordo com os critérios já definidos. Eu tratava Mudança da mesma maneira que a todos os outros.

— Presumo, então, que a senhora pratique o orçamento base zero aqui? — perguntou McNally indiferentemente.

— Ora, Agente McNally — disse ela com um sorriso sardônico — anda fazendo curso de contabilidade por correspondência, não? Sim, praticamos. De fato. Sabe, a maioria dos gerentes aqui se sai bem em suas respectivas áreas. Quer dizer, consegue administrar as pessoas, a agenda e os componentes técnicos da própria função, mas não vê o panorama geral. Concentra-se nas necessidades do próprio departamento, mas é incapaz de recuar e administrar as prioridades de toda a empresa.

McNally começava a gostar dessa mulher. Com sarcasmo desmedido, disse:

— Então é isso o que a senhora faz? Administra as prioridades de toda a instituição?

Ela respondeu simplesmente:

— Sim, isso está sob minha responsabilidade.

Ele retrucou:

— Será de fato questão de capacidade ou será que a senhora talvez não tenha treinado os gerentes da ACME, ou talvez não confie neles para avaliar as compensações recíprocas daquilo em que a empresa vai investir?

— Agente, agente, agente — disse ela, como se falasse com uma criança. — O senhor é mesmo ingênuo, não é? Confio nos gerentes na medida em que eles façam aquilo para que foram contratados. Mas acredita mesmo que eles enxergam a empresa da mesma maneira que eu?

McNally reencaminhou a conversa de volta ao assunto em questão.

— Tive a oportunidade de examinar os pedidos de compra enviados por Mudança nos últimos três meses, e a senhora negou praticamente todos — esperou que Orçamento falasse, mas ela não reagiu. — Mudança entendia de responsabilidade fiscal. Tinha a documentação de todos os pedidos de compras que custassem quantia significativa. Examinei as anotações dela, que calculara o retorno de todos os investimentos. Pode explicar por que não aprovou nenhum dos pedidos?

— Claro que posso — disse ela com ênfase.

— Então quero ouvir.

Pela primeira vez, Oriana Orçamento mudou o tom de voz e falou de maneira menos desdenhosa.

— Parece que o senhor não entende que, de fato, ajudo a empresa, não é mesmo? Uma de minhas principais funções é impedir a concessão de verbas a uma Mudança como a que acaba de falecer.

O agente McNally estava pronto para prender Orçamento por homicídio e recitar seus direitos, mas se conteve:

— Fale mais — disse, pela primeira vez querendo mesmo ouvir mais.

Ela prosseguiu:

— Tenho a firme convicção de que o dinheiro investido em determinada Mudança deve equivaler diretamente ao investimento e à qualidade do trabalho realizado pelo Sr. Patrocínio, Sra. Visão, Sra. Urgência, Sr. Equipe de Liderança da Mudança, vulgo Peitão, Sr. Planejamento, Sr.

Compromisso, Sra. Cultura e Sra. Responsabilidade. Se esses personagens não fizerem o necessário para viabilizar Mudança, não tenho motivo para comprometer verbas para uma Mudança fadada ao fracasso.

McNally não queria admitir, mas começava a concordar com Orçamento. Não tinha mais perguntas para ela.

Orçamento pegou a bolsa na cadeira ao lado, tirou dela o estojo de maquiagem e retocou o batom. Quando terminou, enfiou o estojo na bolsa e se levantou. Encarando-o, disse:

— Agente McNally, foi um prazer conhecê-lo. Ligue para mim quando tiver resolvido o caso.

Saiu sem olhar para trás.

A visão da morte

O agente McNally tinha feito reserva num hotel barato próximo à ACME naquele mesmo dia. Depois de comprar o jantar numa lanchonete *drive-thru*, seguiu para o quarto do hotel, razoavelmente limpo e com o básico; cama, TV, mesa e banheiro. Pegou o sanduíche com fritas, colocou sobre a mesa e zapeou os canais da TV. Como sempre, nada de interessante. Resolveu folhear a ficha de Mudança enquanto comia. Achou uma anotação com a letra dela:

O que posso fazer para explorar
as habilidades,
as ideias e a energia das pessoas de toda
a ACME para que me considerem valiosa
e não um estorvo.

McNally deixou a anotação de lado e percebeu na Mudança um talento raro: respeito por quem tentava influenciar.

• • • •

McNally estava sentado na sala de reuniões, na mesma cadeira em que Mudança falecera. Enquanto esperava a primeira entrevista da manhã, releu as próprias anotações.

De repente, sentiu um cheiro esquisito. Estava com dificuldade para respirar e o coração disparou. Correu até a porta. Trancada. Esmurrou-a gritando.

Sou o único aqui, pensou. Os olhos ardiam e a cabeça começava a rodar.

Quando deu por si, estava deitado de costas no chão, ofegante. A consciência ia e voltava em ondas. Ao abrir os olhos, viu um círculo de rostos à sua volta: Cultura, Compromisso, Patrocínio, Peitão, Comunicação, Urgência, Visão, Planejamento, Orçamento e um homem que não reconheceu; todos o olhavam perplexos. O médico legista abriu o círculo, ajoelhou-se e encostou dois dedos no pescoço de McNally. Passados alguns segundos, franziu a testa e sacudiu a cabeça.

— Tarde demais — disse. — Ele está morto.

McNally tentou falar, dizer "Não, é um engano, estou vivo!", mas as palavras não saíam. Deu tudo de si e tentou gritar.

• • • •

Sentou-se na cama num salto, acordado pelo próprio grito. Respirava como se tivesse corrido dois quilômetros em quatro minutos. O lençol estava ensopado de suor. Percebeu, então, onde estava. Foi apenas um sonho. Enxugou o suor da testa e a respiração começou a se acalmar. O relógio marcava 5h17.

Levantou-se, acendeu um charuto e sentou-se à beira da cama. *Foi assim que Mudança morreu?* perguntou a si mesmo. Sentou-se olhando para o chão e assim permaneceu durante alguns minutos. Por fim, apagou o charuto e foi para o chuveiro. Tinha mais trabalho a fazer.

Suspeito nº 10: Instrutor

QUANDO Ivo Instrutor entrou na sala para a entrevista, o agente McNally levou um susto. A camisa do homem estava para fora da calça e manchada. O boné de tênis virado para trás, a barba por fazer e ele mascava um chiclete ruidosamente. O agente resumiu com uma palavra aquela aparência: *desleixado*.

Instrutor sentou-se, olhou para McNally e disse em tom de voz neutro:

— O que está havendo?

McNally ergueu a coluna na cadeira, na tentativa inconsciente de expor uma postura profissional para essa criatura desalinhada.

— O senhor é o instrutor aqui, pelo que entendi — disse.

— Aham, sou eu — respondeu Instrutor. Ergueu o punho e, sem nenhum sinal de entusiasmo, disse — Dá-lhe time da ACME.

— E como se relacionava com Mudança? — indagou McNally.

— Mudança ficava na linha de frente da empresa — respondeu Instrutor enquanto empurrava a cadeira para trás e punha os dois pés em cima da mesa. — Gente fina, acho, mas um pouco distante demais para manjar do jogo, se quer saber.

— Jogo? — perguntou o agente.

— O jogo, cara.

McNally apenas o encarou.

— Desculpe — continuou Instrutor —, acho que o senhor nunca jogou — aquele mascar incessante do chiclete estava deixando McNally furioso. — Olha só como se joga. Gastão Patrocínio e Vitória Visão, a galera da linha de frente, trazem uma nova Mudança. Eu me reúno com a própria, descubro em qual posição ela quer jogar e, então, escalo a equipe. Preparo o time para o jogo.

— Muito bem, sejamos breves. Qual é a sua mais importante função na ACME?

— Treinamento — respondeu, novamente sem emoção nenhuma.

— Pode explicar melhor?

— A gente confere se o time tem as habilidades e o empenho necessários para implementar Mudança.

— Nós? — interrompeu.

— Isabella Incentivo participa de um monte de treinos. Ela é mais como uma líder de torcida. Não conhece direito as regras e a mecânica do jogo — respondeu Instrutor.

— Esses treinos — perguntou McNally —, como são? Com que frequência o senhor os realiza? Quanto tempo duram?

— Depende — disse Instrutor filosoficamente. — Às vezes a gente só faz um treino. Contamos com muitos jogadores talentosos, mas vários deles tiveram de assumir novas posições com Mudança. Precisavam treinar antes de jogar. Sra. Mudança sempre queria que eu treinasse mais o time. Eu me empenhava o quanto podia para dar aos jogadores as novas habilidades de que precisavam. Infelizmente, o meu compromisso era mais forte do que o de Oriana Orçamento. Ela é apenas mais um objeto de decoração do escritório. A gente imagina que eles se dão ao trabalho de conversar uns com os outros. Um diz: treinar, treinar, treinar. O outro diz: cortar, cortar, cortar. O que posso fazer? Sou apenas Instrutor.

— Onde o senhor estava quando Mudança foi assassinada? — perguntou o agente.

— No escritório, assistindo aos melhores momentos da ESPN — respondeu sem o menor sinal de constrangimento.

McNally perguntou:

— Já pensou em passar o senhor mesmo por um treinamento?

— Acho que não entendi — respondeu Instrutor.

— Tenho a impressão de que o único modo de o time vencer é se todos estiverem sintonizados. Obviamente não é isso que está acontecendo. E se Gastão Patrocínio se alinhasse com o que os jogadores precisam para aprender novas habilidades e para assumir compromisso com Mudança? E se o senhor trabalhasse com Patrocínio para elaborar uma argumentação atraente que Oriana Orçamento não pudesse negar? Um bom instrutor o ajudaria a aprender o necessário para ser mais eficiente com Patrocínio e Orçamento — disse McNally.

— Um instrutor poderia mesmo me ajudar nisso? — perguntou.

Agente McNally não sabia se ria ou chorava.

— Sim, um bom instrutor poderia mesmo ajudar todos os senhores — Cultura, Compromisso, Patrocínio, Equipe de Liderança da Mudança, Comunicação, Urgência, Visão, Planejamento e Orçamento — a entrarem em sintonia e trabalharem melhor em equipe.

McNally deixou Instrutor pensando nas possibilidades.

Suspeito nº 11: Incentivo

O AGENTE McNally olhou para o relógio e, vendo que ainda faltavam alguns minutos para a próxima entrevista, resolveu sair da sala para fumar um charuto. Já não chovia, mas fazia frio e o céu estava cinzento. Ele abotoou o casaco, acendeu o charuto, deu uma longa tragada e começou a pensar na próxima suspeita, Isabella Incentivo.

McNally sabia que as possibilidade de sobrevivência de Mudança na empresa se reduziriam se Incentivo não a apoiasse. Também estava ciente de que muita gente associava Incentivo imediatamente a dinheiro. Era verdade que este seria às vezes como estímulo para que se aceitasse Mudança; mas a experiência ensinara a McNally que havia muitas outras opções para promovê-la e que o dinheiro nem sempre era a mais importante.

A maioria das pessoas da empresa quase sempre gostava de Incentivo, pelo menos a princípio. McNally lembrou-se de alguns casos em que Incentivo era a principal suspeita do homicídio de Mudança. Ocorria quando se desalinhava com Administração do Desempenho e Cultura. Quando Incentivo tem o hábito de recompensar comportamentos de trabalho incompatíveis com o alicerce reforçado por Cultura e os padrões estabelecidos por Administração do Desempenho, emerge o cenário para a perfeita tempestade organizacional.

O agente ouviu alguém chamar e, quando se virou, viu Ana à porta.

— O próximo entrevistado chegou — ela avisou.

Ele deu uma última tragada no charuto e entrou na sala de reuniões, com o casaco pendurado no braço. Uma mulher atraente foi o que os olhos dele encontraram. Ela sorriu e disse

— Olá.

— Boa tarde — respondeu McNally. — Tenho certeza de que a senhora sabe que quero interrogá-la sobre Mudança.

O sorriso dela se apagou e os olhos se encheram de lágrimas. O agente achou uma caixa de lenços de papel e lhe ofereceu, perguntando baixinho:

— As duas eram muito amigas?

Incentivo enxugou os olhos e assoou o nariz. Empregou uma fraca tentativa de sorriso e disse:

— Éramos, sim.

Passaram-se alguns instantes. McNally estava prestes a fazer mais uma pergunta, mas Incentivo começou a falar por conta própria:

— Era uma grande amiga. Trabalhávamos juntas praticamente toda semana desde que ela chegou aqui.

— Que tipo de trabalho?

— Bem — respondeu Incentivo —, Mudança teve duas ideias excelentes. Não me peça que lhe conte mais. Não entendi os detalhes por trás do que ela estava propondo. Mas Mudança entendia. Preparou uma forte argumentação para as propostas que fez à Equipe de Liderança da Mudança e ambas as ideias foram aprovadas.

—Urgência a ajudou a argumentar? — perguntou McNally.

— Não me lembro se Urgência se envolveu nisso. Logo depois de cada endosso, Mudança entrava na minha sala e pedia ajuda. A primeira ideia envolvia um departamento onde Mudança passara mais tempo e onde, acho, ela conhecia muito bem o estilo de administração — uma coisa que chamava de "partidarismo". Eu nunca ouvira esse termo antes, mas ela explicou que, sem conquistar o coração e os pensamentos dos que seriam atingidos pelo que propunha, provavelmente não teríamos êxito. — Mais uma vez

Incentivo começou a passar o lenço de papel nos olhos marejados.

E prosseguiu:

— E era nesse ponto que Mudança queria ajuda — tentar encontrar motivadores que levassem os empregados a aderir a ela. Sabe, a minha função aqui é reforçar os comportamentos desejados que a apoiem.

— A senhora a ajudou? — perguntou McNally.

— Ajudei. Quer dizer, um pouco. Acho que sim. Sabe, é muito difícil dizer, porque as novas expectativas ainda não tinham tempo suficiente de vida para termos certeza. Mas sei que consegui ajudar um pouco na parte da adesão.

— Quais motivadores usou? — indagou McNally.

Incentivo se animou:

— Primeiro — disse, entusiasmada — pensamos nas recompensas financeiras. Mudança calculara quanto a ACME economizaria com as propostas concretizadas e também o resultado sobre o fluxo de caixa. Quando me contou isso, sugeri que uma quantia em dinheiro vivo seria uma boa motivação para alguns empregados. Devo contar-lhe que arrastamos Álvaro Administração do Desempenho para essa conversa imediatamente. Achávamos que esse tipo de motivação sem relação com Administração do Desempenho seria um tiro pela culatra.

Ela parou e McNally percebeu uma mudança na postura.

— Qual foi o resultado? — ele perguntou.

— Passamos algumas semanas em reuniões para criar um programa que ligasse Mudança, Administração do Desempenho e os novos comportamentos que esperávamos. Tínhamos certeza de que era justo e mensurável, mas a coisa toda foi vetada.

— Por quem?

— Oriana Orçamento — respondeu Incentivo, sem disfarçar a raiva.

McNally entendera que Orçamento havia decerto levado a sério o valor da eficiência, e Incentivo obviamente se ressentira com isso.

— A que mais aconselhou Mudança? — perguntou a Incentivo.

— Consegui comparecer à apresentação que ela fez à equipe de liderança para expor os argumentos acerca do que propunha. Eu pensava que se Mudança convencesse as equipes a agir diferentemente de como sempre agiram, então ela deveria fazer uma apresentação para os empregados dos departamentos mais impactados. Não obrigatoriamente a mesma apresentação, mas uma que lhes mostrasse que uma análise criteriosa levara à recomendação de integrar Mudança.

— Ela fez isso?

— Fez — respondeu Incentivo. — Mas sabe de uma coisa? Antes de fazer, sei que pediu apoio a Peitão, Gastão Patrocínio e a muitos outros. Se havia uma coisa que Mudança fazia bem era tentar unir a equipe que a apoiaria nessas iniciativas.

— Conhece alguém que poderia querer matá-la? — perguntou McNally.

Passados alguns segundos, respondeu:

— Ser negativa não faz meu gênero.

McNally retrucou:

— Trata-se de um homicídio. Se tiver alguma informação, positiva ou negativa, é uma obrigação me comunicar.

Mais uma vez os olhos dela se encheram de lágrimas e declarou:

— É pura especulação.

— Entendi.

— O senhor já sabe, imagino, o que penso de Sra. Orçamento. E embora ciente de que o dinheiro não é o único motivador, acho que teria ajudado. A impressão era de que Sra. Orçamento não queria Mudança aqui.

— Quem mais? — perguntou McNally.

— Álvaro Administração do Desempenho. E acho que Carolina Cultura também poderia estar envolvida. Supõe-se que ela esteja aqui o tempo todo, mas ninguém a vê. Quer saber por quê? Porque passa o dia inteiro em reunião a portas fechadas na sala de Oriana Orçamento. As duas estão mancomunadas, vou te contar!

— Mais alguém?

— Bem... talvez. Podem achar que sou doida, mas creio que, se não foi Oriana Orçamento nem Carolina Cultura, foi obra de uma quadrilha.

— Quadrilha? — perguntou McNally surpreso.

— É. A outra iniciativa não decolou muito bem.

— O que aconteceu?

— Ouvi dizer que o gerente daquele departamento soube da iniciativa proposta e convocou alguns dos principais empregados dele para instruí-los sobre como sabotá-la. Eu soube disso através de boatos, mas já conhecia aquele gerente havia anos e ele tem histórico de comportamento semelhante. Mas é astucioso, nunca foi flagrado. Gerou fidelidade no departamento e ninguém contraria o comportamento dele.

McNally olhou para o relógio e percebeu que estava na hora da próxima entrevista.

— Talvez eu precise voltar a falar com a senhora — disse, levantando-se da mesa.

— Então por enquanto é só? — Incentivo parecia surpresa.

— Por ora, mas manterei contato com a senhora.

Enxugando os olhos e assoando o nariz, Isabella Incentivo levantou-se e saiu.

Reflexões sobre Planejamento, Orçamento, Instrutor e Incentivo

MCNALLY começava a se perguntar se alguma Mudança já tivera a chance de ser iniciada e integrada — para não falar sustentada — nesta empresa. McNally chegava à metade do segundo caderninho, sempre na esperança de que outra organização, se não esta, pudesse aproveitar o que aprendera. Releu o que escrevera sobre os quatro últimos suspeitos, começando por Planejamento.

PLANEJAMENTO

Planejamento não era amigo de Mudança.

- Nunca elaborou os detalhes. Só se concentrava no panorama geral. Mas eram as minúcias que suscitavam preocupações das pessoas quanto à implantação. No momento de integrar Mudança, todos ficaram perplexos porque jamais haviam pensado nela a partir das próprias perspectivas.
- Nunca planejou vitórias precoces. Em consequência disso, era difícil mostrar

ganhos de desempenho no início. Com pouco a comemorar logo de saída, os que gostavam de ficar em cima do muro usavam os primeiros resultados marginais como desculpa fácil para resistir à Mudança.

- Nunca incluiu aqueles a quem se pediam modificações no processo do planejamento, como forma de aprimorá-lo e conquistar a adesão dessas pessoas.

ORÇAMENTO

Orçamento era muito suspeita. Muitos colegas achavam que ela matara Mudança.

- Praticamente não gastava dinheiro na criação da infraestrutura que sustentaria Mudança.
- Tinha poder demais sobre os membros da equipe de liderança que precisavam ajudar Mudança a ter êxito.
- Ela aprovou — sob certa pressão de Patrocínio — alguns pedidos. Não tinham muito sentido, mas afastavam dela o peso por um tempo. Por exemplo, Planejamento pediu alguns consultores a Orçamento. Reuniram-se por alguns dias numa

sala de guerra e criaram um documento extenso, mas não consultaram ninguém que tivesse uma noção realista do que era necessário para integrar totalmente Mudança à empresa. E, naturalmente, Orçamento alocou alguns dólares para Instrutor, porque sabia que seria ridicularizada se Mudança fosse testada sem nenhum treinamento em apoio ao trabalho.

INSTRUTOR

Instrutor também contribuiu para a morte de Mudança.

- Tentou com muito pouco entusiasmo preparar aqueles a quem se pediam modificações, mas o treinamento não se manteve por inúmeros motivos:
    - Os processos administrativos e a tecnologia nunca tinham sido testados, portanto, nunca postos em prática antes do treinamento, para a solução dos problemas.
    - Em razão da aparência desleixada e habilidades abaixo da média, tinha pouca credibilidade aos olhos das pessoas que devia desenvolver.

INCENTIVO

Incentivo foi, no mínimo, acessório no crime.

- Tentou ajudar Mudança, mas não fez funcionarem as relações entre ela, Cultura e Administração do Desempenho, então Orçamento detonou a maioria das ideias que teve.

Suspeito nº 12: Administração do Desempenho

ÁLVARO Administração do Desempenho era o próximo da lista. McNally recebera um bilhete de Ana pela manhã dizendo que ele poderia encontrá-lo às 11h, mas que precisariam se reunir na sala dele, no departamento de RH.

McNally ficou contente com a folga da sala de reuniões. Saiu pela porta da sala de conferências e pegou o elevador para o subsolo. Depois de uma longa caminhada por um corredor muito mal-iluminado, encontrou um labirinto de salas pequenas no canto do prédio, onde entrou à procura de alguém que pudesse lhe indicar o caminho da sala de Administração do Desempenho.

McNally enfiou a cabeça na primeira sala ocupada e encontrou um gordinho de meia-idade em meio a uma pilha de papéis. O homem o olhou cauteloso:

— E o senhor é? — perguntou.

— Agente Mike McNally, vim porque tenho reunião marcada às 11h com o Sr. Administração do Desempenho.

— Sou eu. Sente-se — disse, sugerindo com a cabeça uma cadeira bem simples no canto.

McNally sentou-se e perscrutou a sala. Afora os tintilantes armários de arquivos e as pilhas de papel sobre a mesa, estava bem arrumadinha. Contudo, havia algo não muito certo, mas que ele não conseguia distinguir.

Administração do Desempenho esvaziou a mesa, depositando toda a papelada numa outra mesinha atrás dele, já cheia de pilhas de papel. Olhou para McNally e deu um sorriso tenso.

— Olha, agradeço por me encontrar aqui — disse. — Estou sob pressão para terminar uns projetos. É sempre uma correria nesta época do ano, porque é preciso apresentar as avaliações de desempenho. Todos esperam até a última hora para entregá-las, então fico sempre assoberbado — pegou ansioso uma tigela de balas no canto da mesa. — Aceita? — perguntou, empurrando-a na direção de McNally. — São tropicais: goiaba, manga, maracujá. Sem açúcar, sem culpa.

— Não, obrigado — disse o agente.

— Eu mesmo prefiro um cigarro — disse Administração do Desempenho com um sorriso.

— Nervoso?

— Mais pra estressado — respondeu. — Como vê, estou afogado em trabalho.

Uma boa abertura para McNally:

— Há quanto tempo trabalha aqui?

— Vou completar vinte anos em julho — respondeu Administração do Desempenho.

— Gosta do que faz?

— Claro, claro. É trabalho árduo, mas gratificante.

— Posso estar perguntando o óbvio, mas o que o senhor faz aqui?

Administração do Desempenho ajeitou-se na cadeira e desembrulhou uma bala. O estalar do celofane preencheu o pequeno espaço. Finalmente disse:

— Minha obrigação é acompanhar os resultados que esperamos do pessoal. Todo ano fazemos questão de que os chefes espalhados pela empresa definam as metas para os membros de suas equipes. Duas vezes por ano, então, eles têm de traçar um gráfico do progresso das equipes em relação a essas metas. Fazer uma reunião, comentários.

— E onde o senhor entra? — perguntou McNally.

— Como vê — disse ele, indicando com a mão as imensas pilhas de papel —, recolho toda a documentação. A maioria dos chefes aqui, sei que o senhor já conheceu alguns deles, costuma enrolar. É provável que tenha conversado com

Patrocínio ou Urgência. São dois dos mais notórios quando se trata de entregar avaliações de desempenho no prazo —sacudiu a cabeça com desdém e jogou a bala na boca.

— Como era a sua relação com Mudança? — o agente indagou.

— Ah, ótima, ótima. Mudança e eu nos dávamos bem. Estávamos em sintonia a maior parte do tempo, se é que me entende. Em geral, gostei de muitas das Mudanças que vieram, mas devo admitir que perdi boas noites de sono por elas.

— Por quê?

— Acho que porque quase tudo associado a Mudanças é novo, e geralmente fico ansioso para saber se teremos êxito em comunicar aos demais todas as novidades com que devem trabalhar. Nunca reduzimos as tarefas de ninguém ao pedir que façam transformações. Depois, no momento da avaliação de desempenho, as pessoas não atingiram as metas porque, meses antes, Mudança começou a consumir todo o tempo delas.

— É uma confusão — continuou, com um suspiro. — Tenho um monte de dúvidas sobre as pessoas conseguirem aprender ou não tudo o que é necessário para que Mudança tenha êxito.

— Então se preocupa com a empresa, mas não tanto consigo mesmo? — perguntou McNally.

Administração do Desempenho baixou os olhos e deu uma chupada na bala.

— Para ser sincero, sempre me preocupo em saber se estarei à altura dos novos padrões definidos pela Mudança.

— Alguma ideia de quem a teria assassinado?

— Sim — respondeu Administração do Desempenho, olhando para cima e balançando a cabeça afirmativamente.

Houve um longo silêncio. Finalmente ele disse baixinho:

— Acho que foi Oriana Orçamento.

— Orçamento, né? — respondeu McNally.

— É, tenho certeza de que foi Orçamento.

Ganhou a atenção do agente, mas este, indiferente, encostou a cabeça na mão e disse:

— E qual o motivo? Por que Orçamento queria matar Mudança?

Administração do Desempenho não respondeu, mas levantou-se da cadeira, dirigiu-se a um dos gabinetes de arquivos, tirou dali uma pilha de papéis e os largou na mesa em frente a McNally.

— O que é isso? — perguntou o agente.

— Pedidos de compras dos últimos seis meses.

McNally leu os pedidos de compras. Não contou a Administração do Desempenho que já tinha visto cópias deles no arquivo de Mudança. Todos possuíam um NEGADO com a assinatura de Orçamento abaixo do carimbo. McNally olhou para Administração do Desempenho.

— Querem Mudança, mas não querem pagar por ela. E Oriana Orçamento... bem... ela é... — fez uma pausa à procura da palavra certa — rígida, se é que me entende. O que Mudança tentava fazer exigia treinamento e reinstrumentação em algumas áreas. Veja os pedidos de compra. Ela não pedia a Lua, só o essencial. — Administração do Desempenho mordeu a bala com força, fazendo barulho com os dentes.

— A maioria desses pedidos de compra se relacionava às quatro principais iniciativas de Mudança? — indagou McNally.

— Quatro? Quem disse quatro?

— Gastão Patrocínio.

Administração do Desempenho revirou os olhos e declarou:

— Esse cara passa tanto tempo se olhando no espelho que não vê nada além de si mesmo.

Duas. Temos, ou tínhamos, duas principais iniciativas em andamento.

O agente perguntou:

— Acha que Orçamento agiu sozinha?

Uma risada iluminou o rosto de Administração do Desempenho:

— Se encontrar um revólver fumegante, acho que está coberto de impressões digitais de Orçamento, mas... — parou no meio da frase.

— Mas?

— Ela pode ter tido um cúmplice, embora eu duvide que o senhor encontre alguma prova.

— Podia ser mais específico?

— Já conheceu Cultura?

— Sim.

— Estou aqui há quase vinte anos e não sei dizer se a vi mais de oito ou dez vezes, mas corre um boato de que ela é muitíssimo influente. Ficar de olho vivo nas despesas tem sido o jeito dela de fazer as coisas, até onde me lembro.

— Está dizendo, então, que Orçamento simplesmente obedecia a ela?

— Algo nesse sentido. Até onde sei, ela é provavelmente tão culpada quanto Orçamento. Não costumo reclamar. Chego aqui e cuido da minha vida. Mas com essas Mudanças, quando outros não cumprem o próprio trabalho, quem fica mal sou eu.

— Olha — disse McNally — precisamos manter essa conversa entre nós. Ainda tenho pela frente muitas investigações e não quero que isso caia na rede de boatos.

— Não tem problema — respondeu Administração do Desempenho. — Na verdade, eu ia pedir ao senhor que me fizesse a mesma cortesia. Não posso me dar ao luxo de perder o emprego.

McNally de repente percebeu que não estava muito certo a respeito daquela sala: sua localização e situação. O departamento de RH estava escondido num distante canto subterrâneo da sede da ACME. A mobília era miserável — não miserável-chic — e não havia nenhum computador à vista. Só um monte de gabinetes cinzentos de arquivos. A maioria deles parecia não tocado há décadas.

— O senhor usa esses gabinetes? — perguntou McNally.

— Uso, é onde arquivamos as fichas de avaliação de desempenho. Há uma tonelada delas, pode crer.

— Mesmo nesta época de arquivamento eletrônico?

— Houve um boato a respeito de uma iniciativa de Mudança que envolvia o gerenciamento de registros eletrônicos, mas acho que morreu também — disse Administração do Desempenho com uma gargalhada cínica.

Essa gargalhada ressoou na cabeça de McNally quando se despediu e encaminhou-se ao elevador pelo escuro corredor.

Suspeito nº 13: Responsabilidade

RESPONSABILIDADE estava sentada à mesa quando o agente McNally voltou à sala de reuniões. Parecia mais jovem do que McNally pensava. Devia ter quase 30 anos. Do tipo patricinha.

— Olá, sou o agente Mike McNally.

— Roberta Responsabilidade — disse a jovem, levantando-se para apertar a mão dele.

— Sente-se, por favor — disse McNally, dirigindo-se à própria cadeira em que se sentou, do outro lado da mesa. — Presumo que saiba sobre o que quero conversar com a senhora.

— Claro. Não é segredo.

— É subalterna de quem? — perguntou McNally.

— Sou assessora de Gastão Patrocínio.

— E com que frequência se encontram?

— Ah, fizemos uma reunião assim que fui contratada. Ele foi bem claro a respeito do que queria que eu fizesse. Nunca mais o vi — o tom de Responsabilidade era desdenhoso como a resposta.

— Há quanto tempo trabalha na empresa?

— Pouco mais de seis meses. Na verdade, comecei no mesmo dia que Mudança. Recebemos orientação juntas — disse com entusiasmo.

McNally perguntou:

— Então trabalhou muito com ela?

— Ah, trabalhei, nós sempre trabalhávamos com ela.

— "Nós"? — indagou McNally.

— O meu departamento — disse Responsabilidade.

— A senhora tem um departamento?

— É claro — disse. — O cargo que ocupo ficou vago por quase dois anos. É um serviço difícil e soube que tiveram dificuldade para encontrar uma pessoa qualificada pelo salário que ofereciam, então, mal cheguei aqui, contratei Delegação, Continuidade e Consequências. Havia, e ainda há, muito a se fazer no meu departamento.

McNally perguntou:

— Mas como conseguiu que Orçamento concordasse com isso?

— Digamos que tive um pouco de trabalho para convencê-la. Ela é muito... frugal, se é que me entende. Delegação, na verdade, é a única a quem estamos pagando, e ganha salário mínimo. Continuidade é apenas estágiária, e Consequências é uma espécie de bolsista.

Nesse momento alguém bateu à porta. Ana enfiou a cabeça e disse à Responsabilidade:

— Queira me desculpar a interrupção, mas o gerente de TI acaba de ligar à sua procura. Disse que era urgente — fechou a porta e foi embora.

— Com licença um instante — disse Responsabilidade. Pegou o telefone e teclou quatro números. McNally só ouviu um lado da conversa, o dela.

— Alô, Delegação? Sim, sou eu. Escuta, parece que o gerente de TI precisa resolver um problema imediatamente. *(Pausa)* Não, estou em reunião com o agente McNally e não posso sair. *(Pausa)* Sei que está sobrecarregada, mas... *(Pausa)* Escuta, leve Continuidade junto. Avalie muito bem o que precisam e, depois, deixa que eu cuido disso. *(Pausa)* De novo? Quantas vezes ela já faltou por motivo de doença este mês? *(Longa pausa)* Tá, tá bem. Então Consequências. *(Pausa)* Sei muito bem que ela não sabe lidar bem com pessoas. Chame-a a um canto antes de ir e diga que só precisa da presença dela. Não quer que fale nada. Diga que só quer que ela arregace as mangas, cruze os braços e mostre o muque. *(Pausa)* É, ela vai gostar disso — Responsabilidade deu uma risadinha. *(Pausa)* — Não, não precisa me ligar. Trate disso.

Desligou o telefone, olhou para McNally e comentou:

— Quem quer bem-feito faz, não manda.

McNally teve dificuldade para conciliar esse comentário com a conversa unilateral que acabara de ouvir. Olhou para Responsabilidade e disse:

— Com licença só um momento.

Saiu da sala e voltou uns cinco minutos depois. Sentou-se e disse:

— Faz ideia de quem matou Mudança?

— Sim, Mudança — respondeu Responsabilidade.

Confuso, McNally repetiu:

— É, sabe quem matou Mudança?

— Ah, desculpe. Não fui muito clara. Acho que Mudança matou Mudança — respondeu.

Após curta pausa, acrescentou:

— Suicídio.

— Acha que ela se suicidou? — perguntou o agente com interesse.

— Claro. É a única explicação razoável. Havia pessoas aqui que, admito, não gostavam muito de Mudança, mas não sei de ninguém que pudesse ir tão longe a ponto de matá-la. Aliás, em retrospectiva, ela demonstrou todos os sinais. Eu queria ter percebido. Talvez pudesse ter feito algo.

— Sinais? — admirou-se McNally.

— Quando começou a trabalhar aqui, Mudança estava toda entusiasmada. Sabe, cheia de energia. Mas nos últimos seis meses, mais ou menos, parecia outra pessoa. Passava todas as horas do dia aqui. Não sei quando dormia. Estava constantemente irritada e emagrecera. Costumávamos almoçar juntas, mas a impressão era de que ela não tinha mais tempo. Soube que uma das iniciativas dela ia bem, mas acho que a outra não. Dizem por aí que as pessoas deste departamento queriam aprontar para cima de Mudança. Era um grupo bem durão — Responsabilidade fez uma pausa e depois disse: — Depressão. É isso mesmo. Depressão. Mudança estava sofrendo muita pressão, acho que ficou sufocada e caiu numa depressão profunda — ao terminar, Responsabilidade ficou olhando para o vazio.

McNally descartava imediatamente o que considerava uma teoria idiota. Não foi suicídio. Foi, certamente, homicídio. Mas algo que Responsabilidade disse o deixou com a pulga atrás da orelha.

— A senhora falou que ouviu dizer que uma das iniciativas não estava indo bem. Era esse o boato? — perguntou McNally.

Responsabilidade parecia perplexa:

— Pois é — confirmou —, mas o que isso tem a ver?

O agente não tentava mais esconder a agitação que crescia dentro dele. Levantou-se e começou a ir e vir dentro da sala enquanto falava.

— Não entendo como pode saber tão pouco sobre essas duas iniciativas. Mudança precisava de sua experiência e a senhora, ao que tudo indica, não fazia ideia do que estava acontecendo. A senhora...

— Olha, isso não é justo! — interrompeu Responsabilidade. — Eu...

McNally levantou a mão e voltou a falar:

— Vou preencher as lacunas para a senhora. Mudança pediu-lhe ajuda. A senhora se dispôs a ajudar, mas estava com dificuldade para encontrar tempo na agenda. Afinal, ainda há, como disse, muito a fazer no seu departamento. Mas a senhora tinha a solução. Delegação podia fazer isso e, se precisasse de ajuda, podia sempre recrutar Continuidade e Consequências.

Responsabilidade ficou ali parada, perplexa e calada. McNally pôs as duas mãos na mesa e se inclinou.

— A senhora transformou em palhaçada o serviço para o qual foi contratada. A sua função requer maturidade e a senhora simplesmente não tem nenhuma. Quando saí da sala, passei alguns minutos relendo as minutas de algumas de suas reuniões e encontrei exatamente o que esperava — a voz de McNally ficava mais alta e ele começou de novo a andar para lá e para cá. — Surgiram problemas. A senhora convocou alguém para agir. Até declarou um prazo para conclusão. Mas, quando rastreei essas questões no próximo conjunto de minutas, tinham desaparecido da face da Terra. Nada. Foram resolvidas? — perguntou retoricamente. — Duvido — respondeu.

McNally teria falado muito mais, porém mordeu a língua. O que tinha a dizer não adiantaria nada na investigação. Voltou a olhar para Responsabilidade. O rosto da suspeita estava enrubescido e ela encarava o chão. McNally fez uma pausa para permitir que Responsabilidade respondesse. Ela não respondeu.

O agente saiu da sala batendo a porta.

Superpoliciais e stakeholders

O agente McNally estava a caminho da reunião com os empregados em uma sala próxima aos fundos do prédio. Ele sabia que havia *stakeholders* em toda a empresa e se decepcionara consigo mesmo por não lembrar que os empregados — aqueles sobre os quais Mudança provoca maior impacto — eram os principais. Ao virar a esquina do corredor, deparou-se com uma cena que o deteve imediatamente. Passara a carreira trabalhando com policiais, então estava bem ambientado com as rotinas e os métodos da polícia. Mas nunca tinha visto isso dentro de um prédio. Aquilo só podia ser definido como bloqueio de rua. O corredor se tornara sinistramente escuro, mas havia luz suficiente para que distinguisse as imagens: um cavalete bloqueando totalmente a passagem. Uma motocicleta enorme estacionada paralelamente à parede. E o policial mais ameaçador que já vira.

O policial estava uniformizado, usando, inclusive, capacete e óculos escuros; os braços imensos cruzados de um modo que comunicava "Nem se atreva a se meter comigo". Quando o agente McNally deu um passo à frente, o policial levantou o braço sinalizando para que ele parasse.

— Só estou tentando chegar a uma reunião — começou a falar.

O policial levou a mão para mais perto do revólver e deu um passo à frente.

— Não tem problema — disse McNally, que recuou e começou a procurar outro caminho.

Quando deu a volta ao redor da sala, quatro empregados esperavam pela reunião das 15h. O agente desculpou-se pelo atraso e iniciou as apresentações. David e Karen eram de um departamento que estava se saindo bem na integração de Mudança. Mark e Stephanie eram de outro, que resistia a ela. Escolhera esses quatro com base nas anotações da agenda de Mudança.

McNally deu início à reunião:

— Serei bem direto com os senhores e espero que o sejam comigo — disse. — Estou investigando o assassinato de Mudança. Até o momento, cometi pelo menos um erro na investigação.

Os quatro o fitaram com os olhos arregalados.

— O meu erro foi não vir aqui primeiro. Passei um dia e meio entrevistando os chefes e os gerentes, cada um dos quais...

McNally parou. Estava prestes a dizer "cada um dos quais enrolou para responder à maioria das perguntas, e alguns não têm competência para trabalhar em lugar nenhum", mas se conteve.

— É... quero pedir desculpas pelo descuido — disse. — Segundo a agenda de Mudança, os senhores passaram mais tempo com ela durante suas últimas semanas de vida. Espero que tenham informações que me ajudem na investigação — olhou nos olhos de um por um.

Os quatro trocaram olhares. Finalmente Karen disse:

— Mudança era legal. A princípio não gostei dela. O que dizia era assustador, mas, sabe, quanto mais tempo ela passava conosco explicando as coisas e se informando a respeito de como tudo se encaminhava, mais sentido eu encontrava nela. Se não fossem todas as barreiras, acho que poderíamos ter trabalhado melhor com ela.

— Mas que barreiras? — indagou McNally.

Stephanie respondeu:

— O senhor deve ter visto eles. Bom... talvez não — ponderou, hesitante.

Depois de longa pausa, disse:

— A maioria dos empregados os vê. Alguns supervisores veem, mas dos gerentes pra cima é raro que alguém os veja. Mas, pode crer, existem — voltou para os outros num claro gesto de pedido de apoio.

David rompeu o silêncio.

— Superpolicial — disse ele, com um aceno da cabeça à frente.

McNally respondeu:

— Acho que acabei de vê-lo. Bem intimidador.

— Só um? — disse Mark com um risinho dissimulado. — Estão por toda parte. Bem quando parece que estamos indo pelo caminho certo, progredindo numa nova ideia, aparece um Superpolicial e bloqueia tudo. Não saem daqui. Bem que podiam escrever nos corredores "Nunca fizemos isso assim antes". É inacreditável que tantos empregados os vejam, mas a maioria dos gerentes e dos chefes nem saiba que existam.

Karen perguntou:

— O senhor viu o cara que anda por aí de chicote na mão? Ele é meio parecido com um soldado romano — acrescentou.

— Não — respondeu McNally.

— Bem, ele é Repreensão. Só aparece quando algum empregado comete um erro. Começa a balançar o chicote e a informar que todos são muito burros. Desaparece quando Incentivo chega, mas ela não fica muito tempo por aqui.

— E Hipócrita? — perguntou Mark. — O senhor o viu?

— Não sei. Como ele é? — respondeu McNally.

— Aí é que está! Ele é uma espécie de camaleão. Nunca conserva a mesma aparência.

— Mas — interrompeu David — é bem fácil reconhecê-lo. Ele sempre diz uma coisa e faz outra. Sempre vem com esses discursos cheios de "nós, nós, nós", mas, depois, sai por aí sozinho fazendo o contrário do que prega.

Houve um momento de silêncio enquanto o agente imaginava essa situação.

Stephanie finalmente falou:

— Quem mais me aborrece, porém, é Conversível.

— Por que o chamam de Conversível? — perguntou.

— Porque ele sempre faz tudo de cima para baixo — respondeu.

McNally riu, mas parou rapidamente quando percebeu que ninguém o acompanhava.

— Desculpem-me — disse.

— Ah, tudo bem — respondeu Stephanie. — É que tudo tem de ser como ele quer, senão, rua. Algumas das ideias não são nada ruins, mas aí ele quer cuidar de todos os detalhes, mesmo não sabendo nada sobre as operações cotidianas. Se ele ao menos permitisse que nos envolvêssemos...

McNally pensou que ela fosse dizer mais, porém ficou ali parada, pensativa.

— Devo admitir — disse o agente — que todos esses personagens com quem têm de lidar — Superpolicial, Hipócrita e Conversível — deixam tudo muito confuso.

— Agora o senhor sabe como a gente se sente — acrescentou Stephanie.

McNally passou pelo menos mais uma hora conversando com os empregados. Depois pegou o telefone e pediu a Ana que marcasse mais uma reunião.

O laudo da autópsia

MAIS tarde naquele dia, o agente McNally estava do lado de fora do prédio, alternando tragadas no charuto e goles de café. Começava a escurecer e chuviscar. Fechou bem o casaco e encostou-se ao prédio. Desejava ter falado com os empregados antes.

A porta se abriu e o som da voz de Ana o arrancou dos pensamentos.

— Agente McNally, o médico legista ao telefone. Ele quer falar com o senhor.

Deu uma última tragada no charuto e o jogou no chão. Enquanto entrava, Ana disse:

— Vou transferir a ligação para a sala de reuniões.

O telefone estava tocando quando ele entrou na sala. Apertou o botão do viva-voz e pôs o café na mesa.

— McNally falando. É o senhor, doutor?

— Sim — respondeu o médico. — Terminei a autópsia. Resolvi deixá-lo atualizado. Liguei em boa hora?

— Ótima — respondeu. — Pode falar.

O doutor começou:

— Descobri que a hora da morte deve ter sido entre 7h e 9h da manhã. Neste momento estou redigindo que a causa foi parada cardíaca.

— Parada cardíaca? Então foi morte natural?

— Devagar, Dick Tracy — disse o médico, com um risinho. — A parada cardíaca foi consequência de um tipo de envenenamento.

— Então o senhor examinou o líquido do copo que entornou? — supôs McNally. — O que foi? Arsênico?

— Com certeza, examinamos o líquido — respondeu o médico. — Mas era água pura.

Estava começando a parecer algo que o agente já conhecia. Ele disse:

— Então foi...

— É — interrompeu o médico — foi M-15.

O agente McNally pensou em alguns dos outros casos em que trabalhara. M-15 era o veneno misterioso identificado como causa da morte. Na época em que foi batizado havia 15 casos semelhantes conhecidos, e o M era de Mudança.

McNally perguntou:

— E já sabem mais a respeito do M-15?

— Não, nada — o médico parecia decepcionado. — Os cientistas estão trabalhando nisso, mas só sabem dizer que ele age lentamente. Em geral, de um a dois meses. Com base em indícios esporádicos, os únicos sintomas associados conhecidos são insônia, ansiedade, nervosismo e perda de peso. Então pedi a ficha médica de Mudança. Pediram-lhe exame médico quando começou a trabalhar na ACME. Saúde de ferro. Todos os exames laboratoriais foram normais e ela não tinha nenhum problema significativo no histórico médico. Eu a pesei e ela perdera 2,5 Kg desde então. Ah, e, sim, as unhas estavam roídas até o sabugo.

McNally perguntou:

— Então a toxina finalmente se acumulou o suficiente para provocar o infarto?

O doutor respondeu:

— Não foi infarto, foi parada cardíaca. O infarto é geralmente causado por um longo acúmulo de placas ou por um coágulo nas artérias coronárias que bloqueia o fluxo de sangue. Não ter sangue é não ter oxigênio, e as células do coração morrem. As artérias coronárias de Mudança estavam ótimas. Quando digo "parada cardíaca" quero dizer, literalmente, que o coração dela parou de bater.

— Nossa! — disse o agente. — Isso é assustador. Algo mais?

— Não, agora não — respondeu o médico. — Mandei uns tecidos para a patologia, mas tenho certeza de que é um caso de M-15.

McNally agradeceu ao doutor e lhe pediu que o avisasse caso descobrisse mais alguma coisa. Desligou o telefone.

Enquanto isso, numa pilha sobre a mesa desorganizada do doutor, estava jogada, sem ter sido lida, a edição atual do *Perspectivas na medicina forense.* Um artigo obscuro na página 15 tinha o título "Elementos-traço de M-15". Começava assim:

O M-15 foi identificado como a toxina que levou à parada cardíaca e à morte de inúmeras Mudanças. Embora ainda seja praticamente desconhecida, os cientistas acham que essa substância letal é composta por inúmeros elementos-traço e identificaram recentemente três deles:

- Quem chefia Mudança acha que anunciá-la é o mesmo que integrá-la.
- As preocupações com Mudança não vêm à tona nem são resolvidas.
- Aqueles a quem se pede a implantação de Mudança não estão envolvidos no planejamento.

Denúncia do assassino: só para convidados

ANA cuidara de todos os preparativos. McNally pedira a ela que reservasse uma sala e reunisse todos os suspeitos para um encontro às 19h. A sala ficava no canto frontal do prédio. Fora anteriormente usada como ambiente de descanso para os chefes e gerentes e podia acomodar 35 pessoas confortavelmente. Ana arranjara algumas mesas redondas com quatro cadeiras cada uma e mais diversos assentos espalhados ao redor do espaço. Além disso, dois sofás e uma poltrona reclinável.

McNally entrou alguns minutos antes das 19h e passou a organizar as anotações na bancada quando as pessoas começaram a chegar. A certa altura, olhou para cima e descobriu que ninguém desejava contato visual com ele.

Visão estava na janela, apertando as mãos nas costas e parecendo não perceber os outros atrás dela.

Orçamento e Cultura acomodaram-se lado a lado em um dos sofás. Revezavam-se nos cochichos.

Administração do Desempenho e Incentivo estavam sentados a uma das mesas. Ele chupava bala; ela olhava para o vazio.

Comunicação se posicionara em uma das cadeiras avulsas e mexia no aparelho auditivo. McNally percebera a seguinte placa do lado de fora da porta:

DENÚNCIA DO ASSASSINO AQUI, ÀS 19H: SÓ PARA CONVIDADOS e presumiu que fora obra dela.

Peitão sentara a uma das mesas. Estava carregando pesos enormes nas canelas. Com o que parecia considerável esforço, praticava extensão de pernas.

Responsabilidade, Delegação, Continuidade e Consequências sentaram à outra mesa. McNally não conseguia ouvir o que diziam, mas a linguagem corporal delas o induziu a crer que se aborreceram entre si. Ele reparou que não paravam de apontar umas para as outras.

Compromisso não conseguia ficar à vontade. Trocava de cadeira constantemente.

Instrutor ainda mascava chiclete e, confortável numa poltrona, jogava uma bola de tênis metodicamente para cima.

Planejamento confeccionava aviõezinhos de papel e arremessava-os pela sala.

Patrocínio parecia entediado. Talvez por não estar chefiando a reunião, pensava o agente.

McNally percebeu alguém no fundo da sala, mas estava com dificuldade de reconhecê-lo. Pôs os óculos e se assustou ao ver o mesmo homem desconhecido que o olhava no sonho. Fez um sinal para que Ana — situada a uma mesa próxima à frente da sala — se aproximasse.

— Quem é aquele baixinho ali? — cochichou.

Ela se voltou para o fundo da sala e ergueu as sobrancelhas.

— É Medo — respondeu.

— Medo?

— É. Ele aparece de vez em quando. Não trabalha aqui. Quer dizer, não está na folha de pagamentos nem nada. Simplesmente surge, e ninguém parece questionar a presença dele. Nunca diz uma palavra, mas, quando está por aqui, a impressão é de que todos agem de outra maneira.

McNally matutou se seria prudente pedir a Medo que se retirasse. Mas algo lhe disse que, no momento, a presença dele poderia ser útil.

Ana conseguiu captar o olhar de McNally e bateu no relógio. O agente pigarreou e disse:

— São 19h, vamos começar. Primeiro, agradeço a todos por terem reorganizado as agendas para estarem aqui.

A porta se abriu de repente e Urgência entrou correndo. Balbuciou um pedido de desculpa e se sentou.

McNally continuou:

— Como sabem, Mudança foi assassinada recentemente e conversei com os senhores e outras pessoas durante dois dias. — Olhou diretamente para Responsabilidade e disse: — Para não haver mal-entendidos, foi homicídio. — Responsabilidade parecia conferir os cadarços do sapato. — Ela foi envenenada e o assassino está nesta sala.

As reações variaram de olhares questionadores e silenciosos a gritos abafados. Visão se virou da janela e encarou McNally, que continuou:

— Não sou burro como alguns aqui pensam. Não tenho um diploma de prestígio, mas conheço Mudanças e gente. Passei toda a carreira estudando ambos. Mudança raramente é aceita com facilidade por qualquer instituição, mas cada um dos senhores tinha a obrigação de ajudá-la a se integrar.

— Sra. Visão — disse McNally, elevando a voz. Visão teve um sobressalto com a menção inesperada.

— A sua função é ajudar os outros a ver as vantagens de Mudança. Ajudá-los a enxergar além do presente e olhar para o futuro. Fracassou miseravelmente.

Visão voltou a puxar o lenço de papel do bolso do casaco e começou a limpar os óculos. Não olhou para o agente.

— Sra. Urgência! — McNally berrou. Mudança precisava do seu apoio para priorizar a integração — ajudá-la a elaborar argumentos atraentes para si mesma. A senhora deu esse apoio? — perguntou retoricamente. — Não, estava sempre atrasada. Você seria capaz de se atrasar no próprio enterro!

—Sr. Patrocínio — disse McNally, encarando-o. — As pessoas precisavam saber que havia um executivo de alto nível sustentando Mudança. Isso não acontece numa caminhada nem em comunicado único. É preciso haver uma boa equipe de liderança para sustentar Mudança. Equipe que o senhor não montou.

McNally caminhou até a janela e passou alguns instantes olhando para o céu, até que se virou para a plateia.

— Ah, está aqui! — disse o agente olhando para Planejamento. — Eu esperava que estivesse com a cabeça nas nuvens. É lá onde passa a maior parte do tempo, não é? E Sra. Cultura — disse, baixando a voz. — Dentre todos, poderia ter sido quem daria o tom e plantaria o alicerce do êxito de Mudança. Mas quem a senhora afirma ser e quem realmente é... são duas coisas bem diferentes, não? Entra e sai daqui como um fantasma e espera que as pessoas a respeitem. Pare de se iludir. E também tem a sua amiguinha, Sra. Orçamento — prosseguiu. — A Sra. responsabilidade fiscal.

McNally percebeu que Medo estava se apoiando no braço do sofá, olhando para Orçamento.

E prosseguiu:

— Orçamento, a senhora sabe que Mudança raramente tem êxito sem uma verba adequada. Estou surpreso que não tenha Síndrome do Túnel do Carpo de tanto usar o carimbo de "recusado". Embora esteja certa de que esses outros personagens deveriam fazer a sua parte antes que a senhora aprovasse a concessão de verbas, jamais se deu o trabalho de revelar a eles por que negava todos os pedidos de Mudança. Se conhecessem os argumentos, talvez estes servissem de motivação para agirem de outra maneira.

— E temos, então, o ilustre Sr. Instrutor — McNally fez um movimento teatral com a mão.

— Tudo aqui é apenas um jogo para o senhor, que troca a oportunidade ímpar de ajudar os empregados a aprimorar suas qualidades e apoiar a Mudança por passar o tempo todo na sua sala assistindo à ESPN. Eis o placar, Instrutor. O senhor é um derrotado.

Pela primeira vez durante a reunião, Instrutor largou a bola.

McNally desviou o olhar para a mesa de Responsabilidade:

— E aqui está o clã do jogo de empurra. A senhora é uma desgraça. Mudança precisava do seu suporte para manter o que conquistara. As pessoas precisavam de você diante de Mudança. A senhora abusou de Delegação. E Continuidade simplesmente não parava por aqui. Usou Consequências como se fosse um martelo, ferramenta que geralmente funciona quando Medo está presente.

Medo, parado atrás de Consequências, massageava os ombros.

— Mas sabemos — disse o agente ao se virar para Incentivo — que há inúmeras formas de motivar as pessoas a aceitarem Mudança — a voz dele não estava áspera. — Não sei qual o motivo, mas a senhora teve oportunidade. Oportunidade de fazer pressão a favor de Mudança, de modo que os empregados a aceitassem mais imediatamente. O simples fato de haver disfunções à sua volta — disse ele percorrendo a plateia com o olhar — não lhe permite desistir.

McNally olhou para Comunicação. Não sabia quanto da conversa ela ouvira enquanto ajeitava o aparelho auditivo. Sentiu vontade de dirigir-se a ela dizendo "a senhora tem o direito de permanecer em silêncio", mas pensou melhor.

— Sra. Comunicação, — disse — Mudança precisava de voz na empresa e a senhora deixou, constantemente, de lhe dar essa voz. E justamente quando ela precisava disso para ter êxito, os empregados precisavam de um ouvido. Alguém para ouvir seus temores.

Medo estava agora no fundo da sala, acenando com a cabeça em concordância.

— Alguém para ouvir as preocupações e ideias — prosseguiu. — Nisso, Comunicação, a senhora fracassou.

Sem dúvida ela o ouvira: estava com os olhos cheios de lágrimas.

O agente virou-se e encarou Peitão, que interrompeu as extensões de pernas:

— Peitão, o ego é seu calcanhar de Aquiles. Mudança precisava de uma equipe de liderança que a carregasse por toda a instituição. O senhor se orgulhava de erguê-la, principalmente para incentivá-la no início, mas depois queria se tornar o centro das atenções, não é mesmo? Esperava aclamação, mas não queria fazer todo o serviço.

Administração do Desempenho era o próximo. O agente olhou para ele e disse:

— O senhor faz um trabalho razoável no contexto da disfunção aqui, mas depois desta reunião quero que vá à sala de Orçamento com aqueles pedidos de compra para que ela os reconsidere.

Compromisso era o único a quem McNally não se dirigira ainda. Mexia-se o tempo todo na cadeira. Medo pairava sobre ele como uma sombra.

— Dada a inaptidão dos colegas, Compromisso, o senhor não tinha mesmo a menor chance.

Compromisso esperava mais, porém o agente parou. Medo saiu de perto dele.

McNally acertara o relógio para esse momento. Olhou para o pulso e esperou 30 segundos de silêncio. Queria que fosse um silêncio desagradável. Todos na sala olharam uns para os outros. Urgência andava para lá e para cá ainda mais depressa. Medo começou a correr ao redor da sala.

De repente, Urgência parou e gritou:

— Não aguento mais! O senhor disse que alguém nesta sala matou Mudança. Quem foi?

McNally respirou fundo e olhou ao redor da sala.

— Na minha opinião, todos os senhores — disse, veementemente. — Todos os senhores mataram Mudança. A maioria viu a cena do crime. O copo derramado ao lado de Mudança não continha veneno. Foi examinado e era água pura. O veneno que a matou agiu bem lentamente. Não posso provar, mas acho que foi a negligência — a negligência de vocês. Ela tentou sobreviver sem o apoio de que precisava, mas, no fim das contas, não é serviço que se possa fazer sozinho. Então finalmente se desanimou. Eu prenderia todos se tivesse provas suficientes, mas... — a voz dele sumiu.

McNally organizou os papéis na bancada, enfiou-os na maleta e dirigiu-se à porta. Olhou para trás e disse:

— Estou confiante de que terão outra Mudança aqui. Olhem para mim. Este não é um rosto que queiram ver de novo.

Virou as costas para as pessoas e saiu da sala.

A Mudança está viva!

NA manhã seguinte, o agente McNally estava no cemitério. Não dormira bem. Sentia necessidade de prestar as últimas homenagens. Mudança não tinha parentes conhecidos. Não houvera funeral, nenhum elogio e nem luto na comunidade. Não a deixaria partir assim.

Puxou o sobretudo até o pescoço ao se aproximar do túmulo pago pelo Estado. A manhã estava clara, mas soprava um vento frio. Ele olhou para o túmulo simples.

Após alguns minutos de homenagem, levantou-se e caminhou rumo ao carro. O celular tocou.

— McNally falando — disse ao atender.

Era Ana.

— Mais uma vítima — comunicou afobada.

O coração dele afundou.

— Onde está o corpo? — perguntou.

— Não é isso. Não há corpo — relatou com espécie de empolgação na voz.

— Como assim? — exigiu.

Ana respondeu:

— É outra Mudança. Desta vez foi uma faca nas costas, mas ela não morreu. Está na UTI do Hospital Memorial.

O agente respondeu rapidamente:

— Diga que estou a caminho.

Desligou, pôs a sirene na capota do carro e ligou o motor. As rodas espalharam cascalho quando deu uma guinada.

Olhou pelo retrovisor. Viu o túmulo de Mudança e também o que deviam ser centenas de túmulos iguais, até onde a vista alcançava.

— Mudança — disse ao acelerar —, esta é por você.

Como ajudar a mudança a prosperar na sua empresa

SEM dúvidas, quem lê este livro quer saber como conduzir pessoas com êxito ao longo da mudança. Até agora, aprendeu muito sobre os personagens que podem matá-la. Contudo, esse mesmo elenco tem enorme poder para ajudá-la a prosperar.

Este capítulo explora alguns dos melhores métodos, ligados a cada personagem, que capacitam e sustentam a mudança em empresas como a sua. Use-os junto às perguntas para identificar onde determinada mudança está configurada para vencer, bem como onde pode correr riscos. Depois, elabore um plano de ação para impulsionar o seu potencial e atacar os perigos.

1. **CULTURA.** A cultura, cujo papel é fundamental durante todo o processo de mudança, como posturas, convicções e padrões de comportamento que caracterizam a empresa. A cultura tem o poder de capacitar e sustentar a mudança, mas também de enterrá-la. Para alinhá-las, é preciso:

- Definir como incentivar a cultura atual a dar apoio, capacitar e sustentar a mudança.
- Usar patrocínio, responsabilidade e incentivo como reforço à cultura que é necessária para capacitar e sustentar a mudança.
- Definir onde a cultura atual não se alinha à mudança proposta e quais atividades serão necessárias para o alinhamento entre almas.

FAÇA ESTAS PERGUNTAS:

- Como descreveria a cultura de sua empresa?
- De que maneiras ela se encaminha rumo à mudança bem-sucedida?
- De que modos inibiria uma mudança bem-sucedida? Que dificuldade haverá para modificá-la? O que você pode fazer para alinhar essa cultura à mudança?

2. **COMPROMISSO.** O compromisso define a motivação e a confiança para engajar-se nos novos comportamentos exigidos pela iniciativa de mudança. Para reforçar o compromisso das pessoas em relação à mudança, deve-se:

- Oferecer locais onde se possam expressar dúvidas e preocupações e, então, reagir às mesmas.
- Expandir as oportunidades de aumentar o envolvimento e a influência daqueles a quem se pedem transformações. Isso produz um compromisso sustentável e de longo prazo, com novo modo de trabalhar, em vez de obediência a curto prazo.
- Orquestrar, propositalmente, oportunidades para os defensores da mudança entrarem em contato com aqueles que ainda precisam se decidir acerca da mesma.

FAÇA ESTAS PERGUNTAS:

- As pessoas a quem se pedem transformações tiveram oportunidade de expressar dúvidas e preocupações? Caso não, como tomar conhecimento das mesmas e resolvê-las?
- As pessoas a quem se pedem modificações tiveram chance de se envolver e influenciar o processo de mudança? Caso não, quais as maneiras de ampliar as oportunidades de envolvimento e influência como importante estratégia para incentivar o compromisso?

- Quais táticas contribuirão para aumentar o número de conversas entre os defensores da mudança e aqueles em cima do muro?
- Você busca anuência ou compromisso com a mudança? O que fará para conquistar o compromisso das pessoas?

3. **PATROCÍNIO.** O patrocinador é alguém do alto escalão formalmente autorizado a liberar recursos (ex.: tempo, dinheiro e contingente) para o início, a implantação e a sustentação de uma iniciativa de mudança. O patrocinador eficiente da mudança deve:

- Selecionar e alinhar uma equipe de liderança bem-qualificada para chefiar a mudança no dia a dia.
- Conquistar compromisso e adesão segura à mudança ao trazer à tona e resolver as preocupações, além de envolver no processo decisório aqueles a quem se solicitam transformações.
- Ser o exemplo que espera dos outros, lembrando que atos falam mais alto que palavras.

- Criar incentivos reconhecendo e fortalecendo comportamentos compatíveis com a mudança.
- Fomentar a responsabilidade demonstrando à empresa que a liderança leva a mudança a sério.

FAÇA ESTAS PERGUNTAS:

- Os patrocinadores da mudança na sua empresa comportam-se de acordo com os tópicos acima?
- Caso não, eles sabem que a expectativa é de que se comportem assim?
- Se os patrocinadores não o sabem, como você os educará?

4. **EQUIPE DE LIDERANÇA DA MUDANÇA.** A equipe de liderança da mudança é o grupo dos líderes com a responsabilidade cotidiana de executar uma série de estratégias para conduzir os demais durante o processo de mudança e apresentar os resultados da iniciativa da mesma. Essa equipe contém pessoas que:

- Participaram de processos de mudança bem-sucedidos.
- Podem alocar o tempo exigido.
- Têm o respeito dos colegas.
- São qualificadíssimas.
- Estão dispostas a falar a verdade.
- São comunicadores eficientes.
- Representam diversos pontos de vista, de diversas áreas e níveis da empresa, bem como defensores, líderes informais e antagonistas.

É essencial que a equipe de liderança da mudança se comunique de maneira coerente acerca da mudança, independentemente de quem estiver comunicando.

FAÇA ESTAS PERGUNTAS:

- Você tem as pessoas certas na equipe de liderança da mudança?
- Os membros da sua equipe de liderança da mudança portam todos uma só voz?
- Você criou várias equipes de liderança da mudança para transformar todas as áreas da empresa com eficiência?

5. **COMUNICAÇÃO.** Não se deve subestimar a importância da comunicação para o êxito da iniciativa de mudança. A comunicação eficiente é:

- Concentrada na criação de diálogo — e não de comunicação de mão única — entre os líderes da mudança e aqueles a quem se solicitam modificações.
- Frequente e orquestrada por muitos meios; uma boa regra prática é pelo menos sete vezes e de sete maneiras diferentes.
- Compatível com a mensagem, independentemente de quem esteja comunicando.
- Feita por patrocinadores dignos de crédito, respeitados, alinhados com a equipe de liderança e defensores da mudança.

FAÇA ESTAS PERGUNTAS:

- Qual é a eficácia da comunicação a respeito da mudança?
- Se for menor que a ideal, como aumentá-la?
- Já trouxe à tona e tratou de resolver as dúvidas e preocupações daqueles a quem se solicitam modificações?

- Quais táticas pode usar para que os defensores da mudança e aqueles em cima do muro conversem mais?

6. **URGÊNCIA.** A urgência explica a necessidade da mudança e quão rápido deve-se transformar o modo de trabalhar. Sem esse senso de urgência, a inércia do *status quo* talvez seja forte demais e as pessoas não atendam às mudanças que você procura. Os seguintes métodos contribuem para criar uma sensação de urgência entre aqueles a quem se pedem modificações:

- Levar as pessoas a ficar cara a cara com a realidade da situação. Distribuir muitas informações e envolvê-las na identificação da lacuna entre o que é e o que poderia ser.
- Forneça motivos plausíveis, críveis para a mudança em resposta à pergunta: "O que há de errado com o modo como estão as coisas agora?" Gere um estado de espírito de descontentamento geral com o *status quo*.
- Defina a mudança em torno de uma causa que seja motivadora.

FAÇA ESTAS PERGUNTAS:

- Aqueles a quem se pedem modificações percebem o que há de errado em manter o *status quo*?
- Sentem urgência pela necessidade de mudança?
- Se o senso de urgência estiver abaixo do ideal, o que você fará para intensificá-lo e defender melhor a mudança?

7. **VISÃO.** Para aqueles a quem se solicitam mudanças, uma visão clara e atraente permite que se vejam bem-sucedidos no futuro. A visão deve:

- Trabalhar com urgência para romper a inércia do *status quo*.
- Ir além de um slogan e apresentar uma imagem clara de como será o futuro quando a mudança for implantada com êxito.
- Envolver muita gente nesse processo de visão para que mais pessoas, além da equipe de liderança, se identifiquem com a mudança.
- Permitir que todos se vejam com êxito na imagem do futuro.

FAÇA ESTAS PERGUNTAS:

- Já perguntou àqueles a quem se solicitam modificações o que os empolgaria ao participar da empresa pós-mudança?
- Eles sabem descrever a diferença — e, espera-se, a melhoria — entre a atual função executada e a futura?

8. **PLANEJAMENTO.** O planejamento da implantação da mudança é importante, mas o processo de planejamento é ainda mais. Um processo de planejamento eficiente:

- Inclui aqueles a quem se pedem mudanças, principalmente os antagonistas, capazes de prever o que poderia dar errado.
- Fornece detalhes suficientes em apoio às pessoas da linha de frente para disparar o processo.
- Esclarece prioridades.
- Define a métrica, para que você saiba se teve êxito.
- Inclui projetos-piloto usando os primeiros que se dispõem ao desafio de adotar a mudança e fazê-la dar certo.

- Prepara-se para a necessidade de "vitórias rápidas", a fim de conquistar a adesão dos indecisos.
- Cria a infraestrutura certa em apoio à mudança e garante que você não economize nos investimentos neste setor.

FAÇA ESTAS PERGUNTAS:

- Com base nos critérios acima, qual é a eficácia do seu processo de planejamento?
- Se abaixo do ideal, como aperfeiçoará o processo e o planejamento resultante?

9. **ORÇAMENTO.** Nenhuma iniciativa de mudança pode ter êxito sem que se gaste dinheiro. Dito isso, é importante analisá-la sob o ponto de vista financeiro, a fim de definir como alocar melhor os recursos limitados e garantir ao investimento um retorno saudável. Não esqueça estas importante questões:

- São os patrocinadores que controlam o orçamento, e não o contrário. Garanta deles adesão clara à argumentação da mudança, senão o orçamento os esmagará ao primeiro sinal de problemas.

- Não economize nos investimentos em infraestrutura.
- Garanta o incentivo a métodos de baixo custo para gerar adesão (ex.: líderes que fazem o que pregam e incentivam os comportamentos desejados; defensores da mudança que estão sempre conversando com os indecisos).

FAÇA ESTAS PERGUNTAS:

- Os patrocinadores investiram a verba necessária a fim de obter uma mudança bem-sucedida?
- Quais incentivos essenciais da mudança estão recebendo verba menor que a necessária?
- Por outro lado, há alguma área recebendo mais do que o necessário?

10. **INSTRUTOR.** Um instrutor para a mudança oferece o aprendizado que garanta àqueles a quem se solicitam mudanças as habilidades necessárias para executálas e ter êxito na futura empresa. Deve estar capacitado e disposto a:

- Examinar a situação e avaliar as preocupações daqueles a quem se solicitam modificações.
- Usar com facilidade uma série de estratégias de liderança.
- Fazer parceria com aqueles a quem se pedem modificações para que possam expressar as preocupações, influenciar o processo de mudança e aumentar o compromisso com ela.
- Diagnosticar as necessidades de treinamento de cada membro da equipe em determinada meta ou tarefa e fornecer o apoio ou a orientação que atenda a essas necessidades (isto é, ser um líder situacional).

FAÇA ESTAS PERGUNTAS:

- Você tem competência e se empenha em ser um treinador ou líder eficiente na mudança, usando as habilidades acima definidas?
- Oferece treinamentos específicos das funções para dar aos demais as qualificações de que precisam para adotar a mudança?

- Usa pioneiros da mudança com credibilidade para aplicar treinamentos como meio de reforçar o diálogo entre os defensores e os que estão se decidindo sobre a mudança?
- Quais as barreiras de qualificação presentes ou previstas com relação à mudança? Como você pode ultrapassá-las?

11. **INCENTIVO.** O incentivo solidifica os comportamentos desejados e os resultados que habilitam a mudança. Muita gente confunde incentivos com prêmios monetários. Tratando-se de estimular comportamentos esperados, inúmeras pesquisas já demonstraram que o reconhecimento merecido frequentemente vai mais longe que os prêmios monetários. Os incentivos eficazes:

- Estão alinhados aos comportamentos e desempenho que a mudança quer atingir.
- São individualizados e acessíveis a mais do que uma panelinha.
- Não exageram no incentivo à adoção da mudança à custa de metas importantes de quem não tenha relação com a mudança (ex.: venda de um produto ou serviço).

FAÇA ESTAS PERGUNTAS:

- Você sabe o que motiva cada um dos membros da equipe? Caso não saiba, como descobrirá?
- Quais ideias criativas tem para reconhecer o trabalho árduo, os comportamentos e o desempenho desejados?

12. ADMINISTRAÇÃO DO DESEMPENHO. A administração do desempenho é o processo que define metas e expectativas quanto aos comportamentos e resultados que habilitarão a mudança. O processo de administração do desempenho:

- Inclui o acompanhamento do progresso rumo às metas e expectativas.
- Oferece opiniões e orientação.
- Documenta formalmente os resultados reais versus os resultados desejados.

FAÇA ESTAS PERGUNTAS:

- Você sabe com clareza como será avaliado o desempenho? Está examinando os indicadores de liderança (ex.: pessoas que adotam novas habilidades e procedimentos), bem como os indicadores de retardo (ex.: desempenho financeiro)? Quais indicadores de liderança você definiu?

- Você tem meios de avaliar o progresso continuamente, além dos riscos que ainda é preciso enfrentar?
- Aqueles a quem se pedem mudanças entenderam com clareza quais comportamentos e resultados se esperam e até quando?
- Há processos vigentes para garantir que aqueles a quem se pedem mudanças recebam dados e comentários sobre seu desempenho com relação às expectativas?
- Aqueles a quem se solicitam modificações entenderam com clareza os incentivos e as consequências por comportamentos e resultados que se alinham ou divergem da mudança?

13. **RESPONSABILIDADE.** A responsabilidade, essencial para o êxito da mudança, é o processo de acompanhar as pessoas para garantir que seus comportamentos e resultados se equiparem às metas e expectativas combinadas. Garante que os

líderes façam o que pregam ao gerar consequências quando comportamentos ou resultados forem incompatíveis com a mudança. Indicadores de verdadeira responsabilidade são:

- Medidas de êxito claramente definidas — metas específicas, mensuráveis, atingíveis, relevantes e com limite de tempo.
- Reuniões regulares para conferir progresso e planos de ação para manter a mudança nos trilhos.
- Responsabilidade em via de mão dupla — parceria entre o chefe e os membros da equipe, cada um responsável pelo desempenho dos outros.
- Nenhum favoritismo. Todos são considerados responsáveis — líderes, gerentes e a linha de frente. Não esqueça que aquilo que os líderes fazem é duas vezes mais importante do que o que dizem, e o que incentivam é três vezes mais importante do que o que dizem.

FAÇA ESTAS PERGUNTAS:

- Os líderes responsabilizam os outros e a eles mesmos pela adoção e inserção da mudança na cultura?

- Quais líderes da empresa são os melhores na tarefa de responsabilizar os demais pela mudança de comportamento e desempenho? Quais são as habilidades e os procedimentos que adotam?
- Como você consegue reproduzir essas mesmas habilidades e procedimentos nas outras áreas da empresa?

Boa sorte na sua iniciativa de mudança! E não esqueça:

*

A mudança só pode ter êxito
se os personagens usuais
da empresa
combinarem seus talentos
exclusivos
e constantemente
envolverem outras pessoas na
iniciação, implementação
e manutenção da mudança

*

Liderar pessoas na mudança

Mudar nunca é fácil. Cerca de 70% das tentativas fracassam ou saem dos trilhos. A derrota da mudança organizacional pode gerar resultados destrutivos, tais como baixa produtividade e moral, expectativas não alcançadas, perda de tempo e dinheiro, e maior rotatividade de empregados.

Liderar pessoas na mudança ensina a identificar e resolver questões típicas levantadas pelos empregados durante o processo, bem como a usar a estratégia de liderança apropriada e os comportamentos correspondentes para acabar com as preocupações. Essas estratégias tratam das causas mais comuns de fracasso na empresa e atacam os estágios previsíveis da preocupação. O modelo apresentado neste programa é aplicável a todos os tipos de mudanças, entre elas fusões e aquisições, reengenharia de processos administrativos, expansão do pessoal de vendas e implantações de tecnologias.

Redes sociais

Visite Blanchard no YouTube

Veja os líderes de ideias do The Ken Blanchard Companies® em ação. Visite e assine o canal de Blanchard para receber avisos da publicação de novos vídeos.

Entre no fã-clube de Blanchard no Facebook

Participe do nosso círculo interno e visite Ken Blanchard no Facebook. Conheça outros fãs de Ken e de seus livros. Tenha acesso a vídeos, fotos e seja convidado para eventos especiais.

Participe de conversas com Ken Blanchard

O blog de Blanchard, HowWeLead.org, foi criado para inspirar mudanças positivas. É um site de utilidade pública dedicado aos temas de liderança que nos conectam. Apartidário e laico, não pede nem aceita doações. Trata-se de uma rede social em que queremos conhecer pessoas que se interessam profundamente pela liderança responsável, e na qual Ken Blanchard gostaria de ouvir a sua opinião.

Este livro foi composto na tipologia Kepler Std,
em corpo 13/16, impresso em papel offwhite 80 g/m^2
no Sistema Cameron da Divisão Gráfica
da Distribuidora Record.